The Great Kanto Earthquake, 1923

関東大震災

～郵便と資料が物語る
100年前の大災害～

震災郵趣研究会編

日本郵趣出版

はじめに

今年100周年を迎える、関東大震災については、これまでに数多くの文献が刊行されてきました。しかし、その大多数は、この大震災について、当時の記録文書などを参考にして、後世の研究者が発表したものです。

100年という時間は、歴史の中で考えると、それほど長くは思えません。けれども、今や当時の出来事を、自身の体験として語れる人は、ほとんど他界されています。また、大震災を体験した人々が、自らの手で書き、描き、また作った、生々しい記録や文書なども、年々失われる傾向にあります。

こうした状況の中で、私たち「紙ものコレクター」と呼ばれる収集家は、多くの時間と努力を注いで、この大震災に関連する、一次資料の確保に努めてきました。

今回、本書の企画にあたっては、読者に原始資料の迫力を知っていただきたいという意図で、全ページをカラー印刷にしました。しかし、このことが仇となり、資料の状態にも、ことのほか留意させられることになりました。

類似の資料に関しても、折角膨大な資料をご提供いただきながら、採録をあきらめた例もあります。そうした努力の結果、御覧いただくような内容となったわけです。

私も小学生のころ、母親から大震災の体験談を聞かされ、その頃使われていた切手を貰ったのが、これを収集するきっかけとなりました。その時から既に80年以上が経過し、手元にあるこれらの資料を見るたびに、かつての大震災と、その目覚ましい復興ぶりに、感慨無量のものがあります。

本書が、読者の皆様にとっても、自然災害の恐ろしさに対する警戒と、これを克服してきた、多くの先人の努力に対する尊敬とに、役立てていただく事ができれば、幸いに存じます。

公益財団法人日本郵趣協会 震災郵趣研究会 顧問
産業能率大学 名誉教授
魚木　五夫

もくじ

関東大震災とは。

関東大震災図

■地震の発生

大正12年（1923）９月１日11時58分、突然関東地方南部に、マグニチュード7.9の大地震が発生した。この地震による直接の被害と、地震後発生した大火災による被害を、総合して「関東大震災」と呼んでいる。

震源域は、神奈川県中部から、相模灘東部、房総半島南端にかけての一帯で、震央は神奈川西部とされている。地震のマグニチュードは7.9と発表されているが、これは日本の観測資料によるもので、全世界の資料による、表面波マグニチュードは8.2とされている。

■地震の被害

地震の直接被害は、神奈川、東京、千葉、埼玉、山梨、静岡と、現在で言う首都圏全域に、東海地方の一部まで含めた、極めて広範囲に及んだ。現行のものにあてはめると、震度は７ということになる。特に、東京や横浜などでは、この直後に発生した、大火災による被害が大きく、家屋の被害でも、全壊家屋約11万戸、半壊家屋約10万戸に対して、焼失家屋は約21万戸にも達した。

人的被害もまた大きく、死者と行方不明者は約10万5,000人だった。

この震災による被害金額は、現在の価値に換算すると、10兆円の規模ではないかと思われる。

■社会インフラの被害

この大震災の被害で、とりわけ重要なのは、首都東京の大火災によるものだった。住民の家屋だけでなく、官庁、病院、教育機関等の公共機関、鉄道を中心とした物流関係、郵便・電信電話等の通信機関が、壊滅的な被害を受け、全ての社会インフラが停止してしまった。

大正12年9月13日／大阪日報附録（1455号） 77cm×54cm

震災被害の速報図である。東京・横浜地区の罹災焼失地区を「赤塗」で示している。墨田川両岸沿いの下町地区、神田、日本橋、銀座地区が焼失している。横浜地区も中心地は全て被災している。裏面では関東大震災の惨状を写真と文章で伝えている。

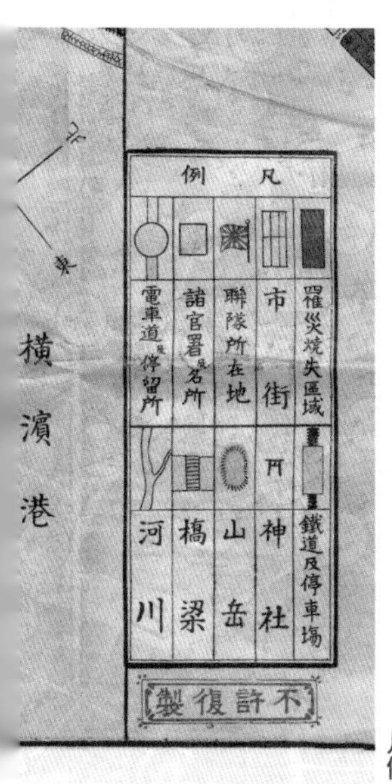

凡例

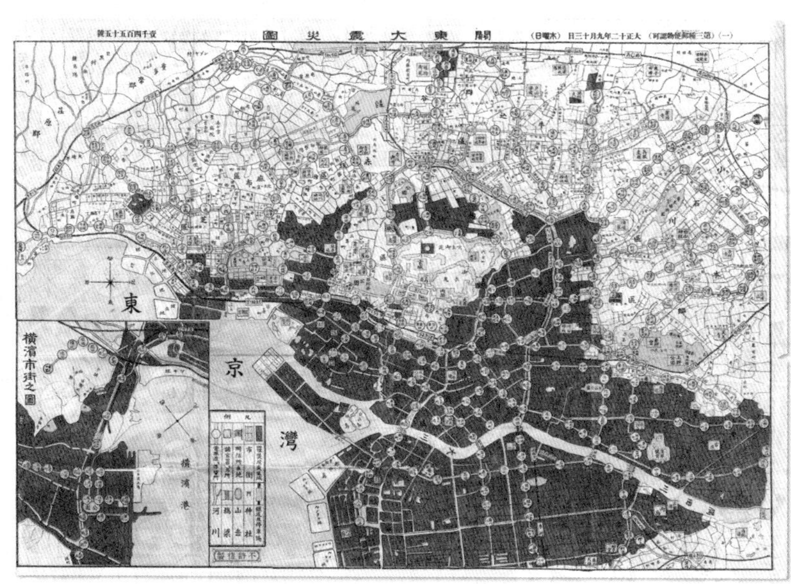

全体図

朝日新聞　第一萬五千三百六十九號　附錄

表面全体図

裏面全体図

関東震災全域鳥瞰図絵（表面部分）大正13年９月15日／大阪朝日新聞附録（15369号）108cm×36cm

関東震災全域鳥瞰図絵　吉田初三郎(1884~1955)

大正・昭和の鳥瞰図（パノラマ地図）絵師、吉田初三郎の作品で、関東大震災１周年に、大阪朝日新聞の９月15日号の附録として発行された、１枚もの６つ折りの鳥瞰図である。

東京、横浜、湘南地区等、東京湾から相模湾沿岸の被災都市の炎上夜景を海の上から描いている。大きくデフォルメされた形で、茨城県筑波山から、静岡県までをカバーしている。大きく被害を受けた場所が詳細地名入りで描かれているのも特徴である。新聞社の附録らしく、震災後、東西通信（震災飛行郵便）に大きく寄与した、朝日新聞社機が富士山横、相模川上空を飛んでいる。

吉田初三郎の鳥瞰図では、唯一夜を題材にしたものだが、関東大震災の火災被害の凄まじさを炎上する夜の情景で描いたものと思われる。

裏面には、「震災後の一年間」と題する写真・記事特集、「新く生きんとする帝都」「全滅の横浜とその復興」、「鎌倉小田原は何うなった」の写真・記事が掲載されている。

関東大地震の観測地震波

大正12年9月1日／東京・本郷

（文部省震災豫防調査會報告 第百号甲 大正14年3月31日発行） 26cm×33cm

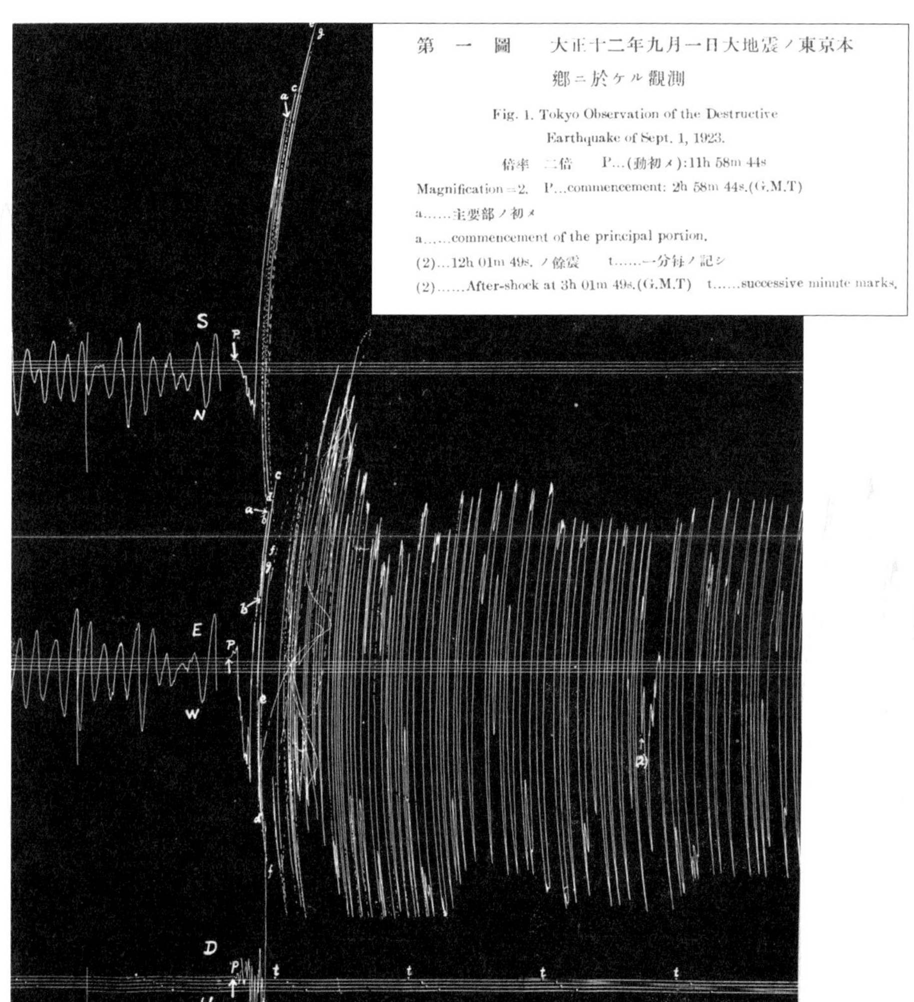

第 一 圖　大正十二年九月一日大地震ノ東京本郷ニ於ケル觀測

Fig. 1. Tokyo Observation of the Destructive Earthquake of Sept. 1, 1923.

倍率 二倍　P...(動初メ):11h 58m 44s

Magnification=2.　P...commencement: 2h 58m 44s.(G.M.T)

a......主要部ノ初メ

a......commencement of the principal portion.

(2)...12h 01m 49s. ノ餘震　t......一分毎ノ記シ

(2)......After-shock at 3h 01m 49s.(G.M.T)　t......successive minute marks.

この記録は、1923年９月１日に発生した関東地震の際に、東京帝国大学地震学教室（東京・本郷）に置かれていた今村式２倍強震計によって得られたものである。今村明恒博士の報告（震災予防調査会報告第百号甲）には、Ｐ波の初動は11時58分44秒に観測したと記されている。ついでＳ波が来るとすぐに南北動成分と上下動成分の描針は外れ、東西動成分だけが記録を続けた。それも揺れが大きかったために、振り子が南北動成分のフレームに当たってしまったようで、正確な最大振幅はとらえていない。上下動成分には、１分間ごとにマークが入っており（タイムマーク）、このときは１分間４cmの速さで記録紙を巻いたドラムが回転していた。国立科学博物館（東京・上野）に展示されている今村式２倍強震計が、この記録を取ったと言われている。

（東京大学地震研究所ホームページ／大正関東地震の波形記録より。要約抜粋）

大正12年9月1日大地震の震域要図

（文部省震災豫防調査會報告 第百号甲 大正14年3月31日発行）28cm×26cm

1. 等震線：細線は全潰５％、太線は同30％
2. 隆起部は赤色、沈降部は青色で示している。

横浜・湘南・三浦半島及び千葉房総地区の隆起が激しいこと、一方、相模湾及び伊豆半島東岸の沈降が激しいことがわかる。

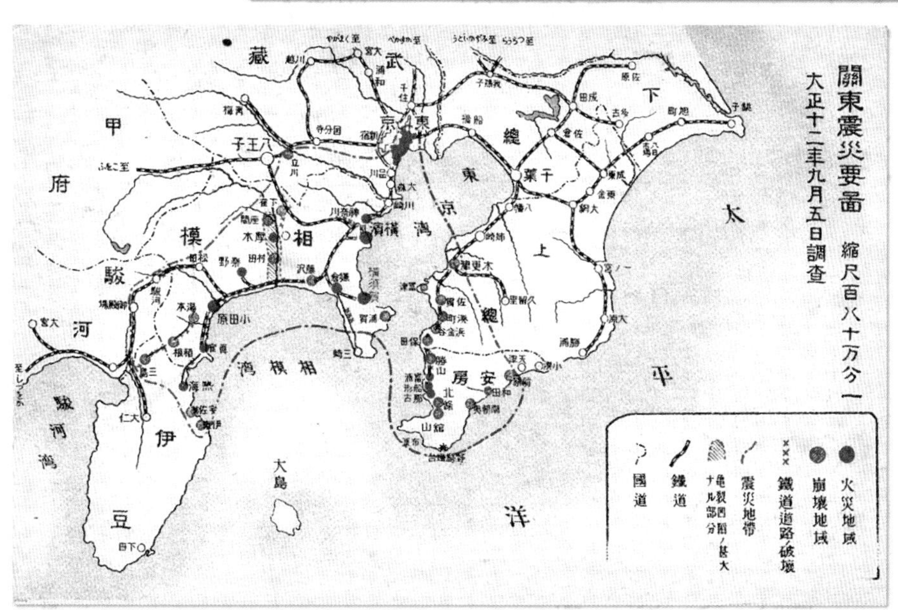

関東震災要図／大正12年9月5日調査（絵はがき）

東京・神奈川・千葉の震災地帯図火災・崩壊地域、鉄道・道路の寸断破壊、亀裂・陥没の激しい地域が示されている。相模川沿いの被害が目立つ。

東京市火災動態地図　9地区分割図の上野・日本橋編

（文部省震災豫防調査會　大正13年9月1日発行）各図50cm×44cm

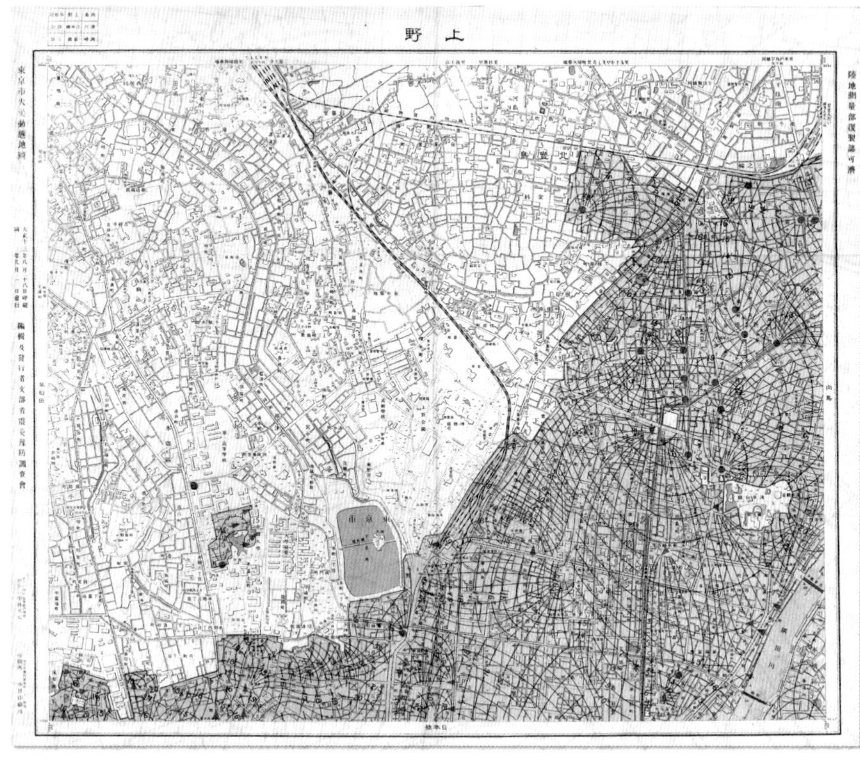

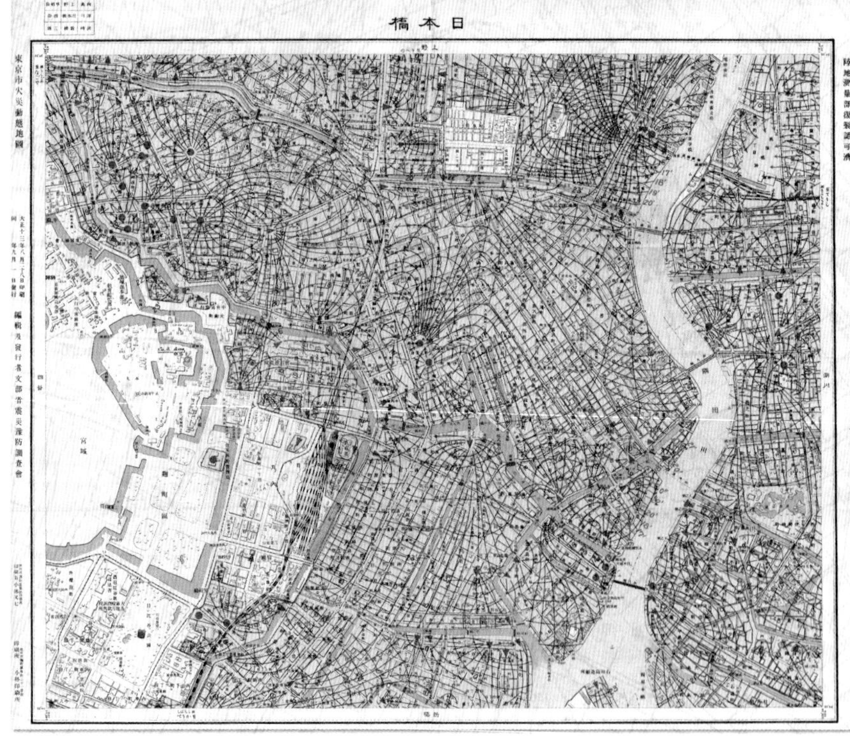

火災発生源（赤丸）、火災の時刻ともに進展方向及び焼失地区が調査に基づき、地図化されている。この図は9図の内の「上野」及び「日本橋」編だが、全体では墨田川両岸沿いの下町地区、上野、浅草、神田、日本橋、銀座地区が焼失している。

第1章

郵便が物語る関東大震災の1ヵ月

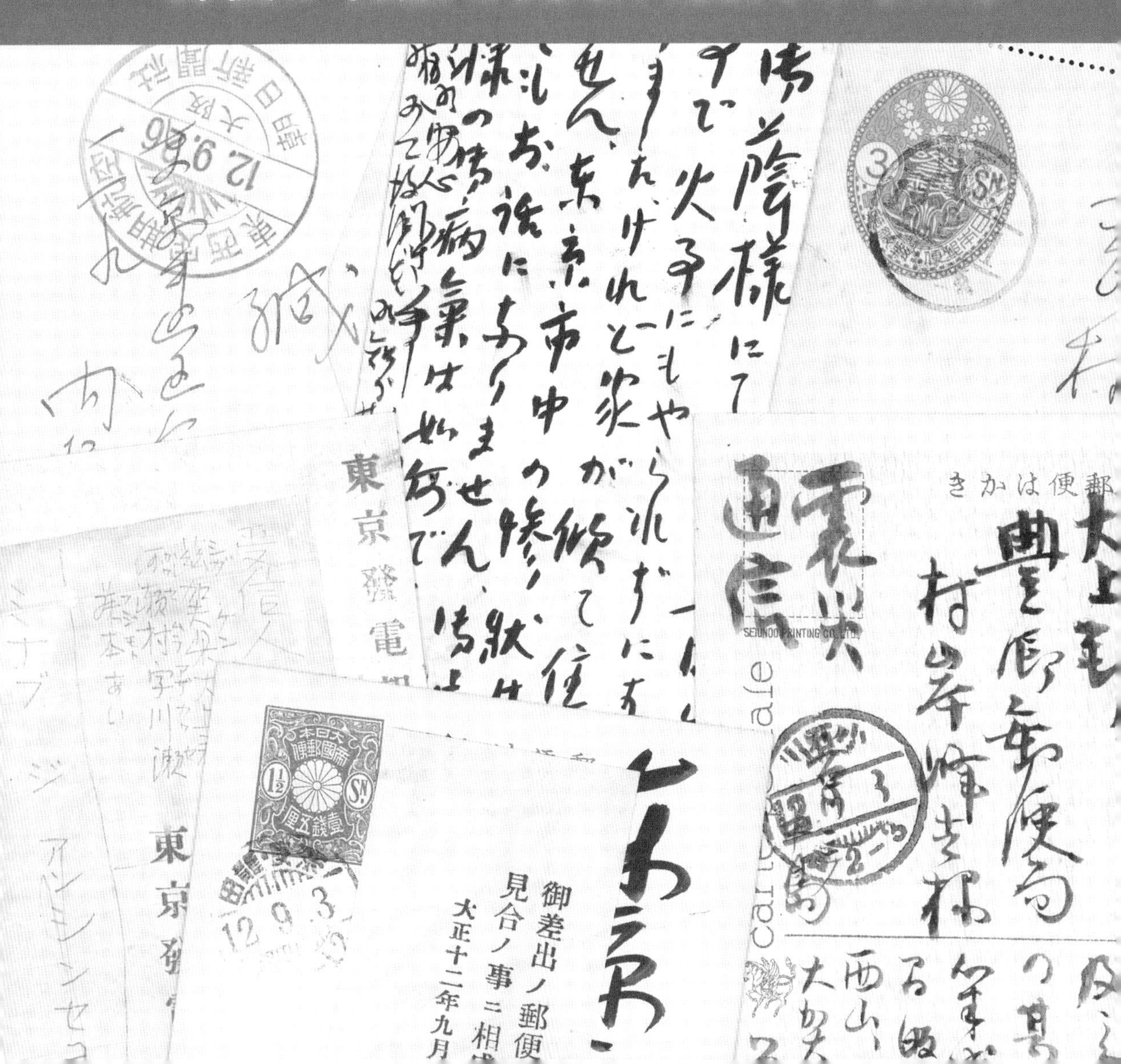

大地震発生直後の差し出し

東京・小石川／大正12年9月1日 午後7-8→栃木

震災当日

「正午大地震と共に各所に火災起こり…」

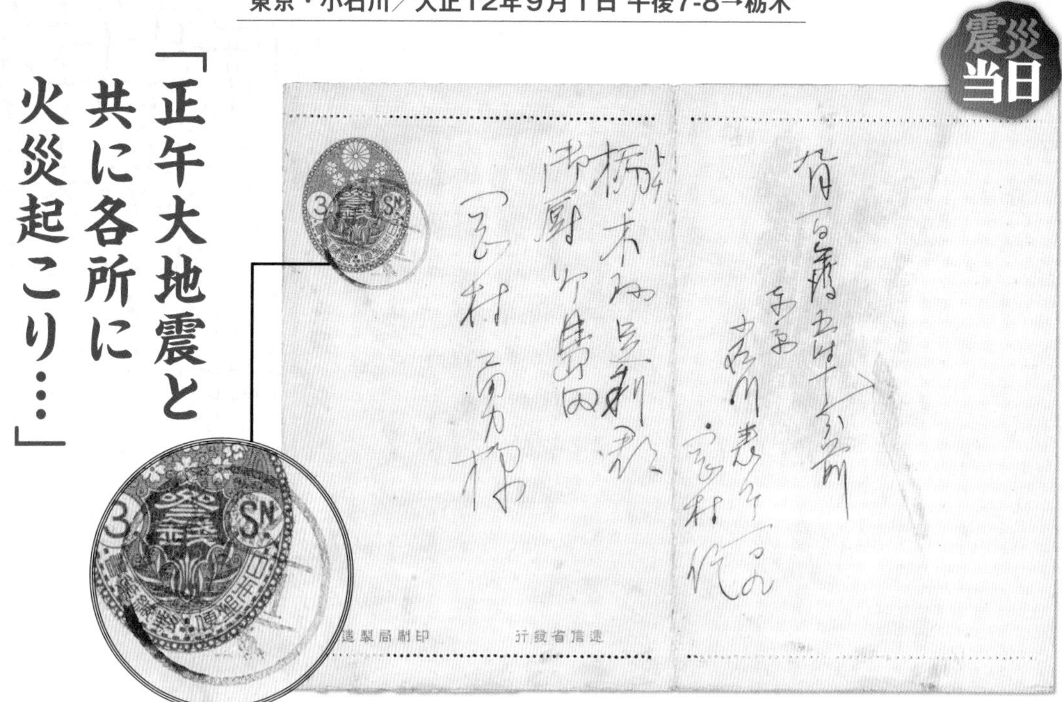

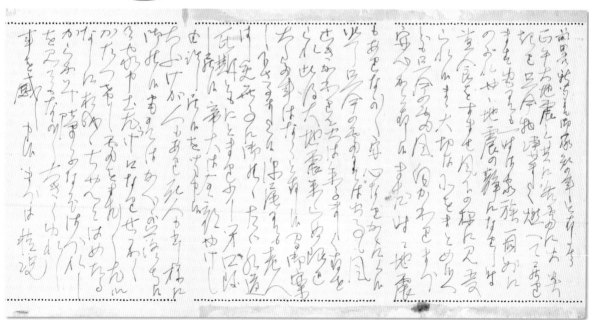

関東大震災発生直後の９月１日に、東京・小石川から栃木に差し出された手紙。文面には「正午大地震と共に各所に火災起こり、只今物凄く燃へて居ます」とあり、地震と火災の凄まじさを伝えている。「九月一日 午後五時十分前」との差し出し時刻の記載があり、小石川郵便局は被災を免れていたため、郵便が引き受けられたと見られる。

東京が焦土と化し、受取人不明で差出人戻しに

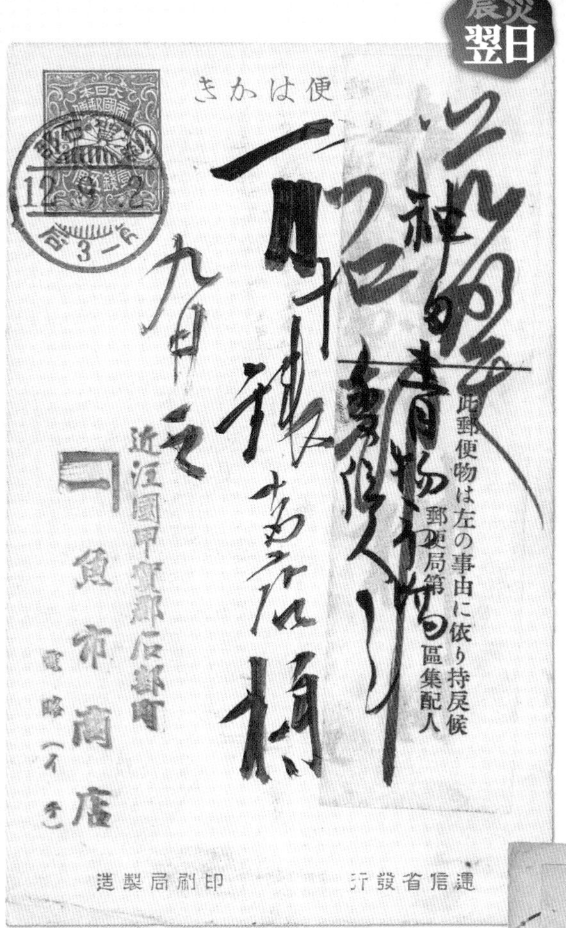

滋賀石部／大正12年9月2日
→東京・神田

「青物市場、受取人ナシ…」

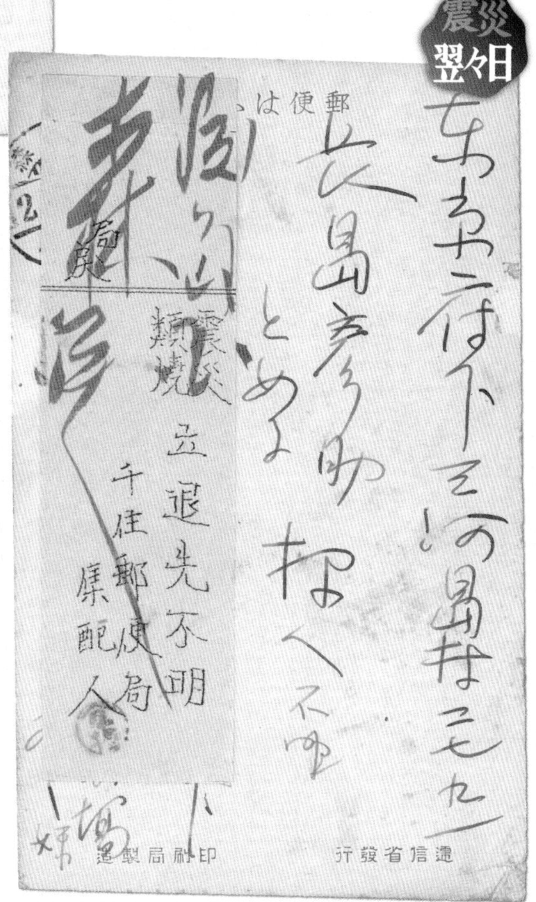

関東大震災翌日の9月2日と翌々日の9月3日の差し出し。ともに宛先地まで運ばれたものの、現地が焦土と化していたため、宛先人の所在や転居先が不明で、配達されることなく、付箋が付けられて差出人に戻された。赤い文字は上のはがきが「滋賀石部戻し」、下のはがきが「渡島国森戻し」とある。

渡島（北海道）／大正12年9月3日
→東京・三河島

「立退先不明…」

東京の被災地への郵便物が差出地で留め置かれ、差出人戻しに

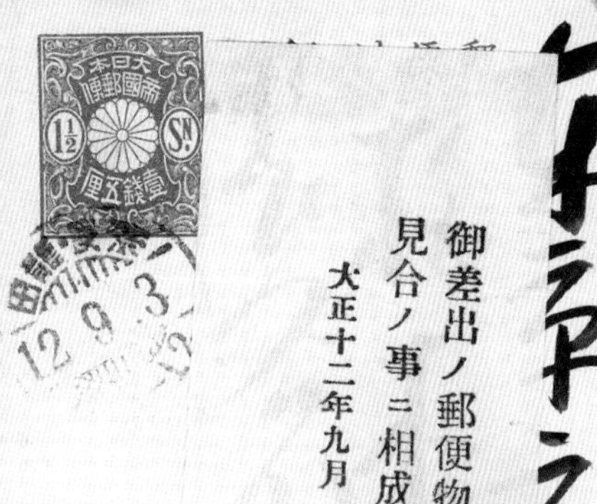

御差出ノ郵便物宛先ハ震災ノ爲メ當分差立見合ノ事ニ相成居候間一先還付候也
大正十二年九月
奈良縣龍田郵便局

奈良龍田／大正12年9月3日→東京

「震災の為メ當分差立見合ノ事ニ…」

東京での大地震を知り、震災見舞いと安否などを訪ねたはがき。しかし、すでに多くの地域に被災地では配達ができない旨が通達されており、宛先に配達されることなく、差出地の郵便局で保管され、付箋が付けられて差出人に戻された。

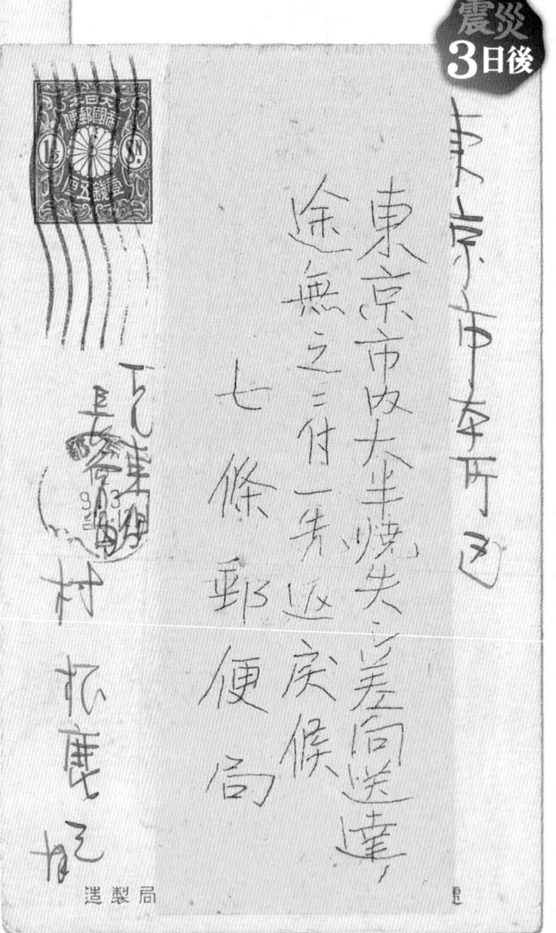

東京市内大半焼失シ差向送達ノ途無之ニ付一先返戻候
七條郵便局

京都／大正12年9月3日→東京

「東京市内大半焼失シ差向送達ノ途無之ニ付…」

家族の無事と家財の全焼を伝える

東京・早稲田／大正12年9月5日→岐阜

「人命皆無事、家財全焼…」

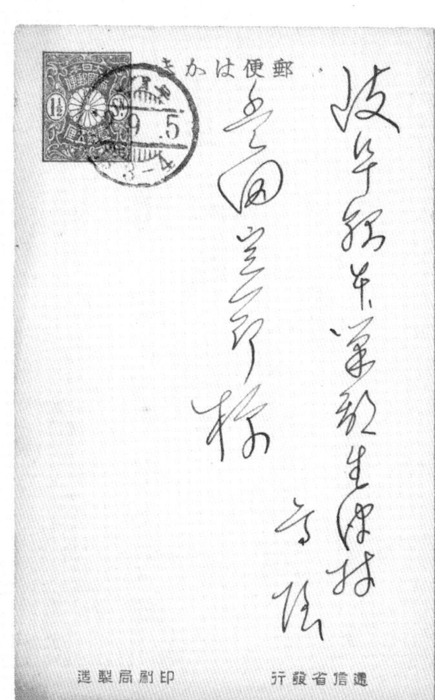

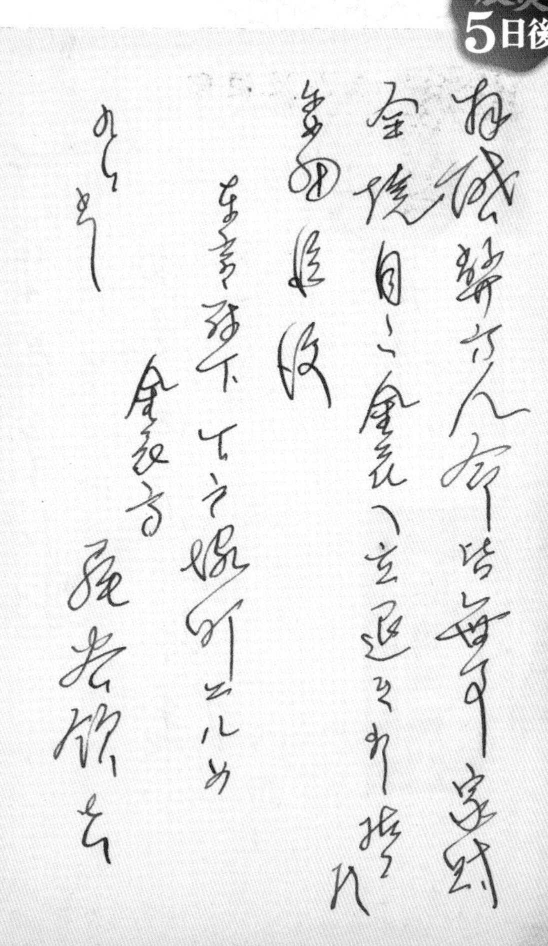

家族の無事を知らせるはがき。「弊方人命皆無事、家財全焼…」と、命は助かったものの、家財は全焼してしまったことを伝えている。罹災郵便局の郵便業務再開は公式には９月６日からとされているが、早稲田郵便局では被害が少なかったため、それよりも前に郵便物を引き受けていたことがわかる。

震災直後の帝国ホテルから震災状況を外国へ発信（オランダ宛てはがき）

東京中央／大正12年9月5日→オランダ

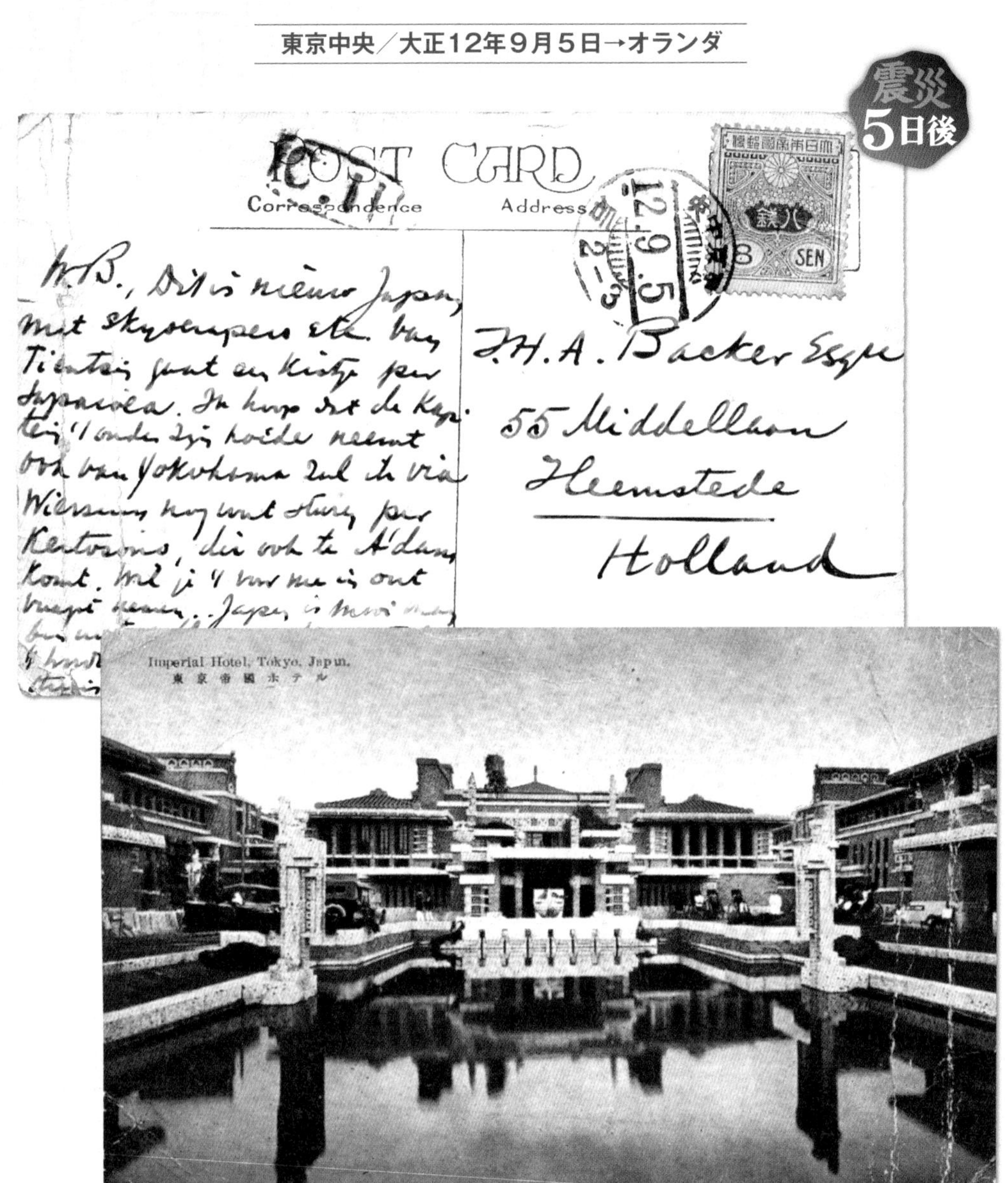

関東大震災が起きた日は、帝国ホテル・ライト館の完成披露宴が予定されていた。大地震で多くの建物が倒壊するなかで、帝国ホテルの被害はわずかな損傷のみだった。ホテルには多くの外国人が避難したとされるが、このはがきは、震災直後に、東京や横浜の状況をいち早く、海外に発信した貴重なものである。

公式的には、一般の郵便局の再開は９月６日からとされているが、ホテル宿泊の外国人がホテルフロントに託し、機能していた東京中央局に持ち込み発信したものであろう。

横浜の郵便局が壊滅的なため、郵便物は東京へ

横浜→東京中央／大正12年9月6日→島根

「一同無事、御安心被下度候（くだされたくそうろう）」

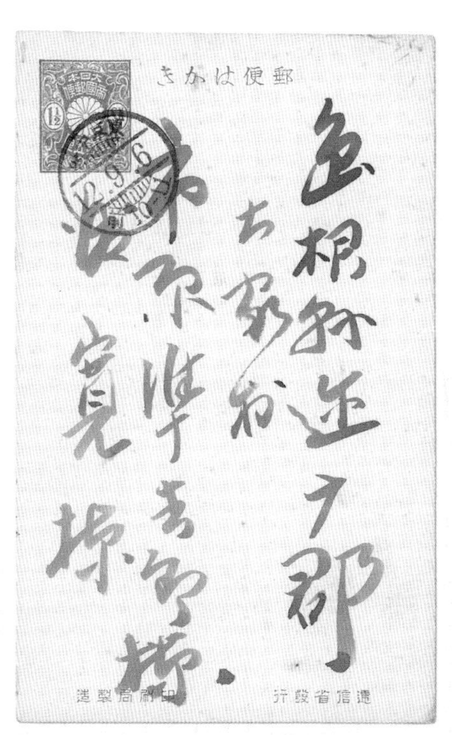

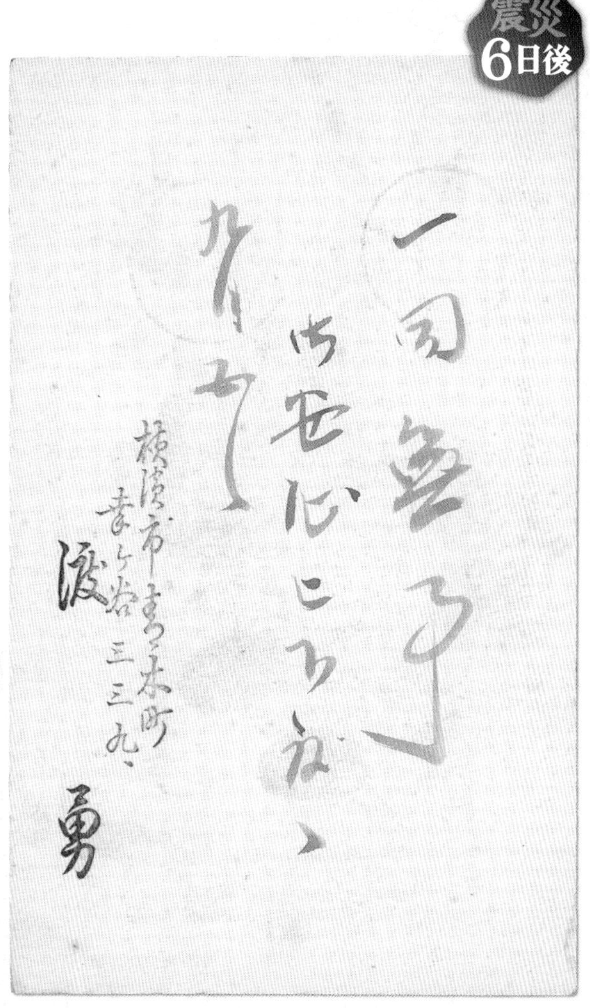

罹災郵便局の公式の郵便業務再開日となる9月6日の差し出し。家族一同の無事を伝えている。差出人の住所は横浜とあるが、横浜の郵便局は壊滅的な状況だったため、郵便物は東京に持ち込まれて処理されていた。このため、このはがきには東京中央局の消印が押されている。

海底ケーブルの破損

小笠原／大正12年9月6日→逓信省

「一日以来海底線不通…」

震災6日後

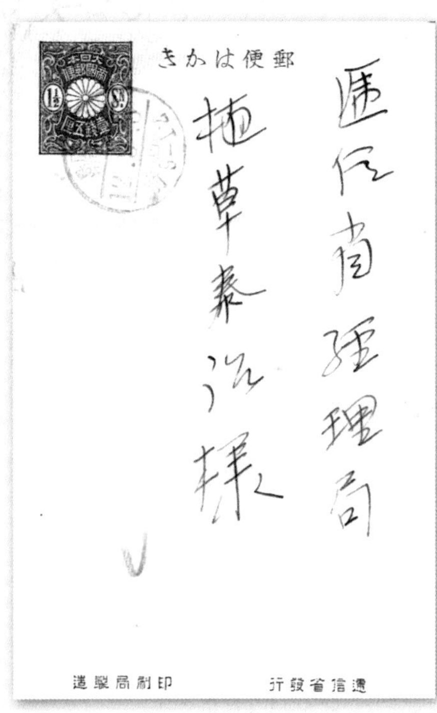
郵便はかき

逓信省發行　印刷局製造

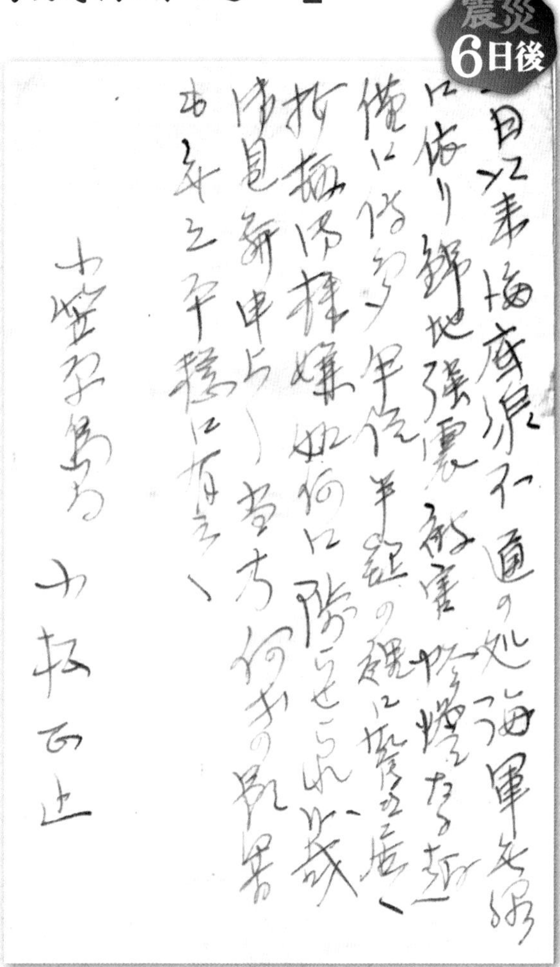
一日以来海底線不通の処海軍無線

ニ依リ錦地強震被害惨憺たる趣

僅ニ伝聞半信半疑の裡ニ驚キ居候

小笠原島より

小笠原から逓信省に差し出されたはがき。1日以来、海底線が不通だったところ、海軍の無線で大地震の発生を知ったとある。「錦地強震被害惨憺たる趣僅に伝聞 半信半疑の裡に驚き居候」と大地震の被害を聞き、驚いている。

日米海底電信線は小笠原、グアムを経由して、明治39年（1906）に開通したもので、右の絵はがきはその開通を記念して発行されたもの。

日米海底電信線開通記念絵はがき(1906年発行)

無料電報の受け付けを開始（1）

東京・小石川／大正12年9月6～10日頃→滋賀

「ミナブジアンシンセヨ」

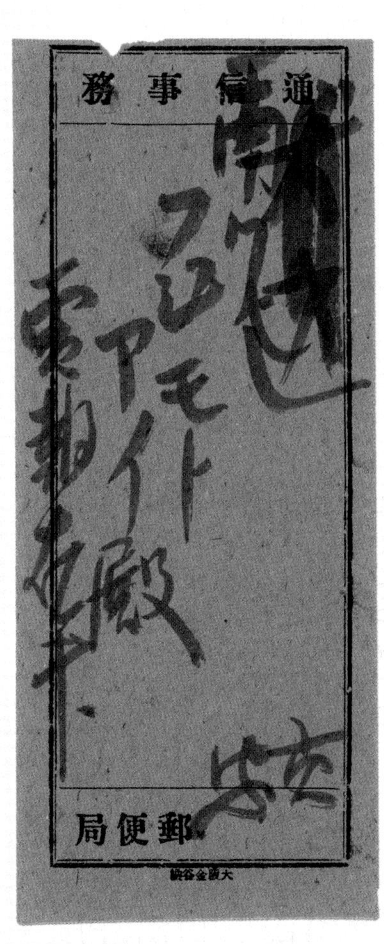

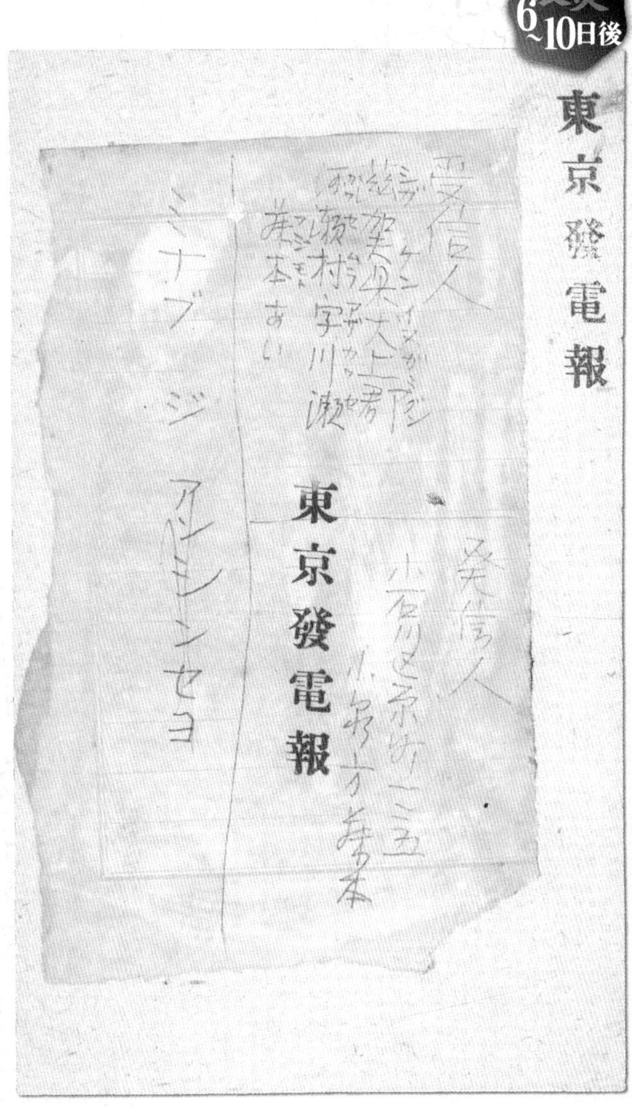

9月6日～10日の間、被災者による無料の電報が受け付けられた。混乱の中、あり合わせの紙に書かれたもので、「東京発電報」の赤い印が押されて宛先に送られた。「ミナブジアンシンセヨ」と短い言葉で一同の無事を伝えている。

無料電報の受け付けを開始（2）

東京・浅草／大正12年9月6～10日頃→群馬

「マルヤケミナブジ」

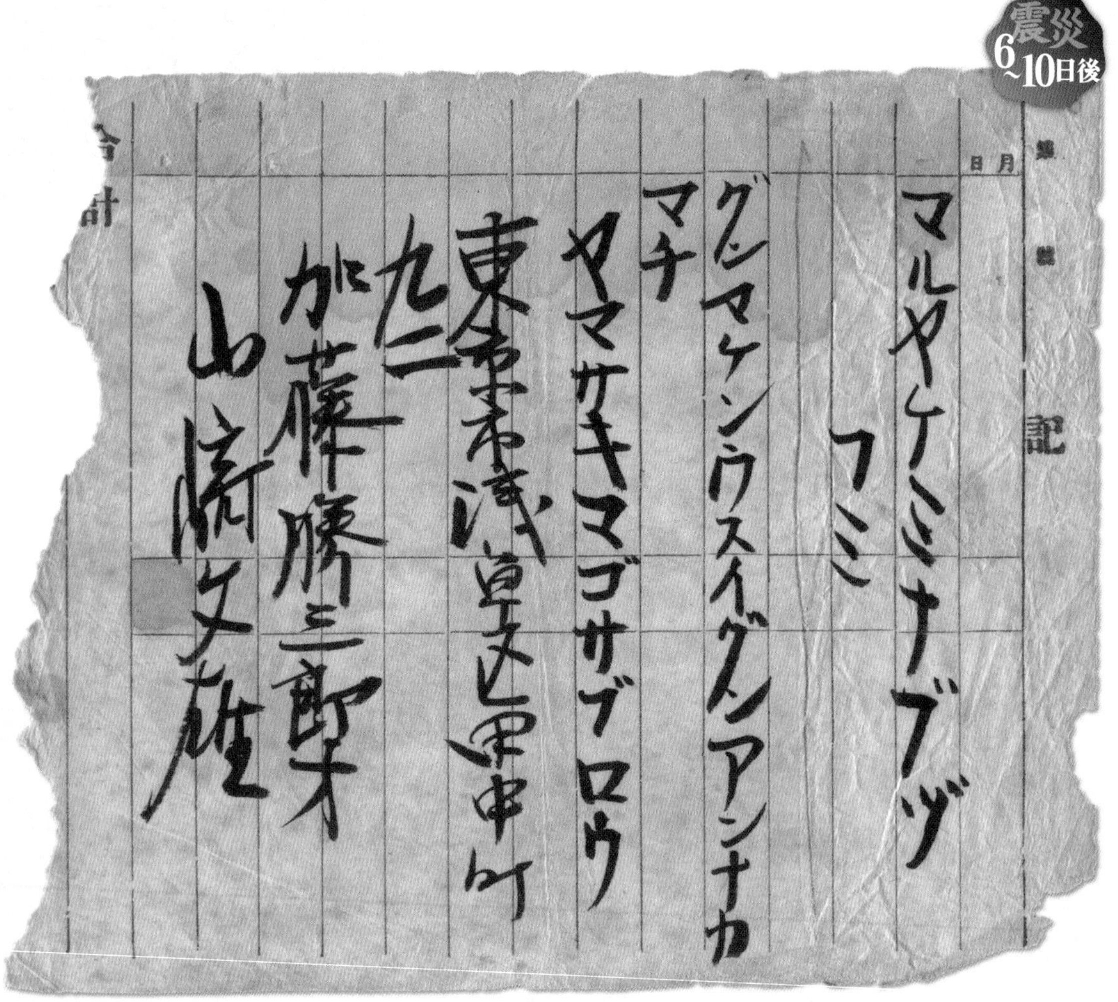

同じく9月6日～10日の間、受け付けられた無料電報。「マルヤケミナブジ」とあり、皆無事ではあったものの、家は全焼してしまったと思われる。正式な電報の用紙が不足していたため、こちらもあり合わせの紙に書かれている。

罹災郵便の取り扱いを開始

東京・小石川／大正12年9月8日→滋賀

震災8日後

「災害の甚大ナルコト倒底筆紙ニ尽シ兼候」

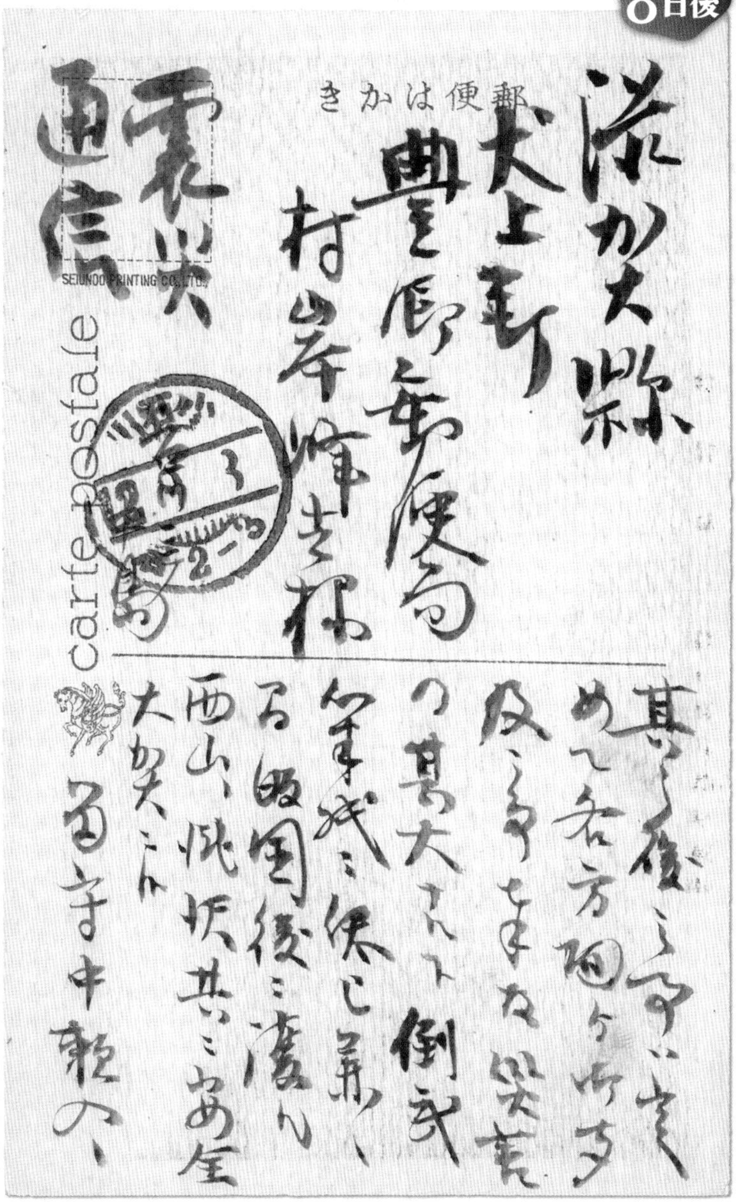

受取人払いとなる罹災郵便の正式な開始は９月９日の逓信省令公布日即日だが、このはがきはその前日に差し出されたもの。切手の貼付欄には「震災通信」との記載がある。「災害の甚大ナルコト倒底筆紙ニ尽シ兼候」と伝えており、被害の重大さがわかる。

住まいをなくした被災者、避難立退所やバラックから差し出し

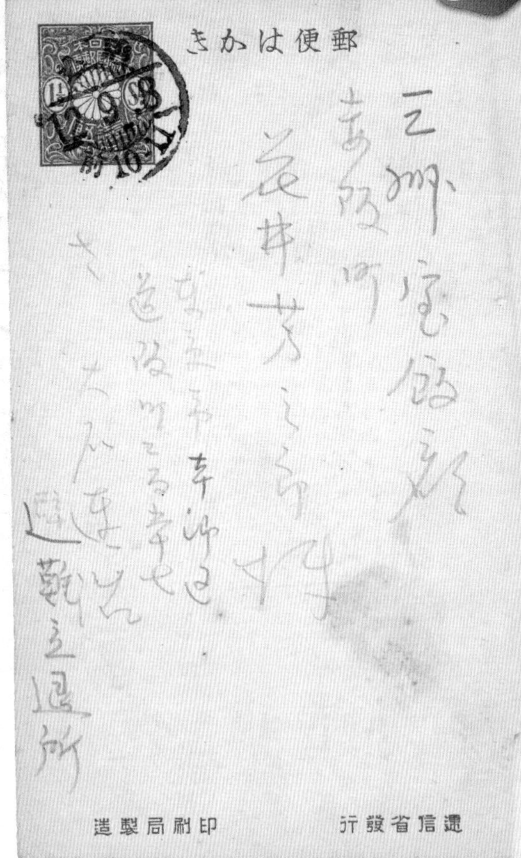

東京・駒込／大正12年9月8日→愛知

「避難立退所」からの差し出し

震災
26日後

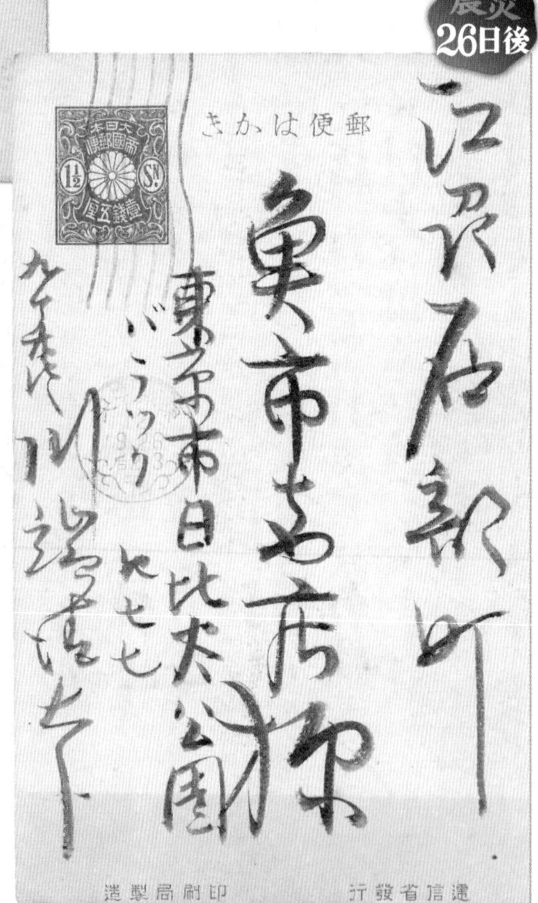

震災により住まいを失った被災者は各地に設けられた一時的な避難所やバラックでの生活を余儀なくされた。右のはがきには、差出人の住所として「東京市日比谷公園バラック四七七」とあり、文面には「目下表記の処に居住致居候」と記載されている。

東京中央／大正12年9月26日→滋賀

「日比谷公園バラック」からの差し出し

外地（樺太・仁川）からの震災見舞い

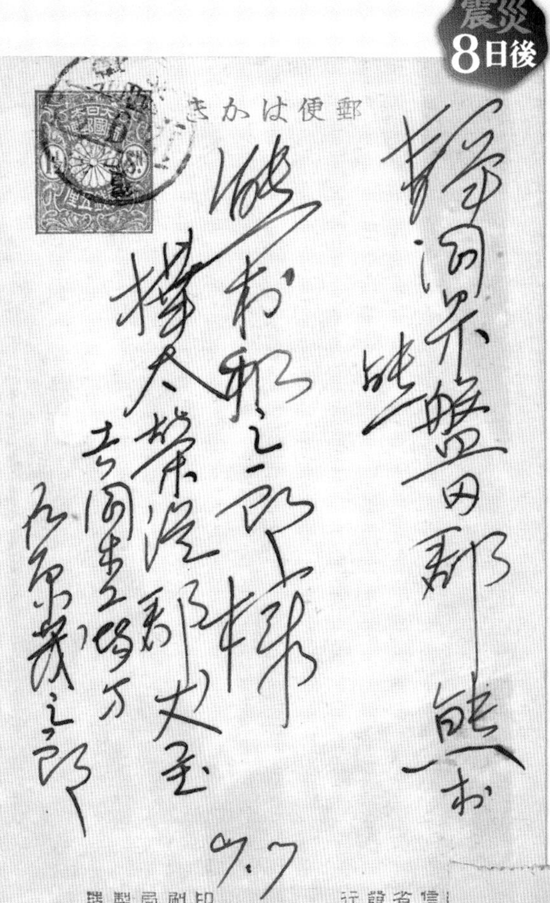

栄浜（樺太）／大正12年9月8日→静岡

「樺太」からの震災見舞い

樺太からのはがきは９月８日の差し出しで、東京から遠く離れた樺太にも震災のニュースが比較的速く伝わったことがわかる。文面には「今回は御地未曾有の大地震にて家屋の破損人畜の死傷少からず、惨憺の状旧年の濃尾の震災にも劣らざる由、新聞紙上にて承知」とある。

仁川／大正12年9月25日→千葉

「仁川」からの震災見舞い

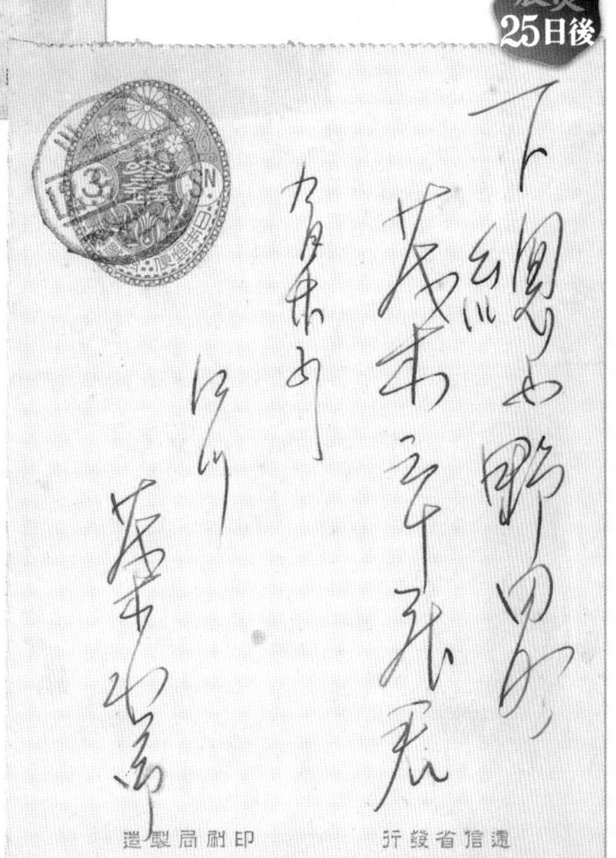

「未納」扱いで開始？ 罹災郵便

横須賀／大正12年9月9日→長野

甚大な被害を受けた横須賀から

横須賀第六海兵団訓練兵差し出し

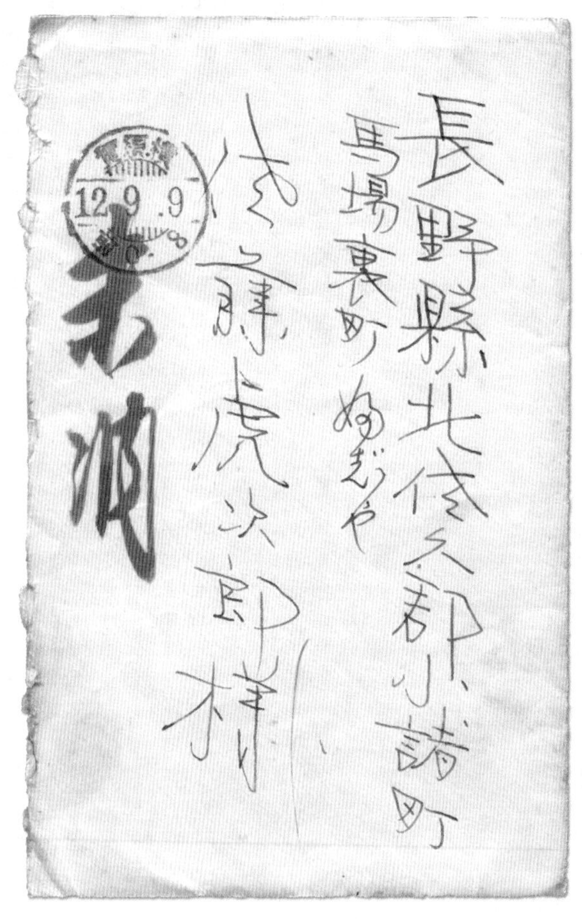

震災
9日後

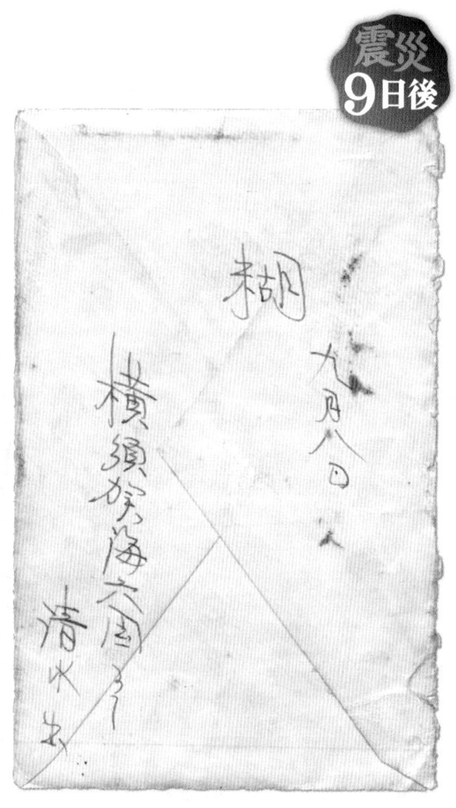

罹災郵便（罹災者発の郵便が料金受取人払いとなる制度）の開始は９月９日の逓信省令公布日即日で、この手紙はその初日となる９月９日に差し出されたもの。しかし、混乱が続く中、罹災郵便の制度が徹底されていなかったためか、封筒に「罹災郵便」の表記はなく、「未納」表記となっているが、不足料料金（６銭）を徴収した表記がないことから、実際には罹災郵便として取り扱われたと思われる。横須賀第六海兵団の訓練兵が長野に宛てた手紙で、おそらく震災の状況や安否を郷土に伝えたものだろう。

親戚縁者へ無事を知らせるはがき

東京中央／大正12年9月11日→京都

「私方一同無事で…けれど家が傾て住めません」

震災11日後

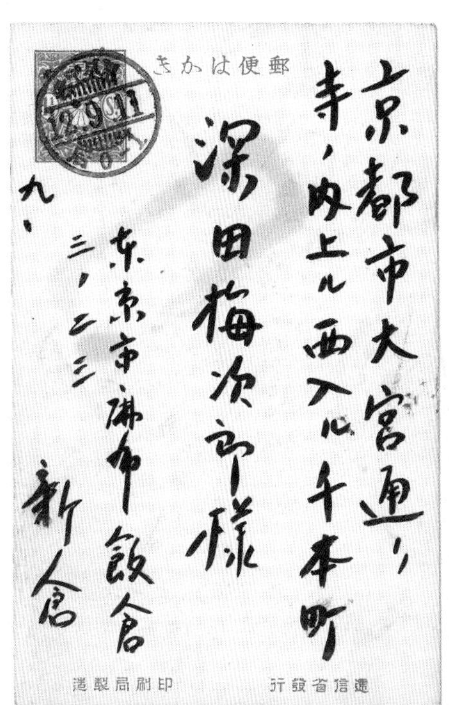

郵便はがき

京都市大宮通リ寺ノ内上ル西入ル千本町

深田梅次郎様

東京市麻布飯倉三ノ二三

新倉

遞信省發行　印刷局製造

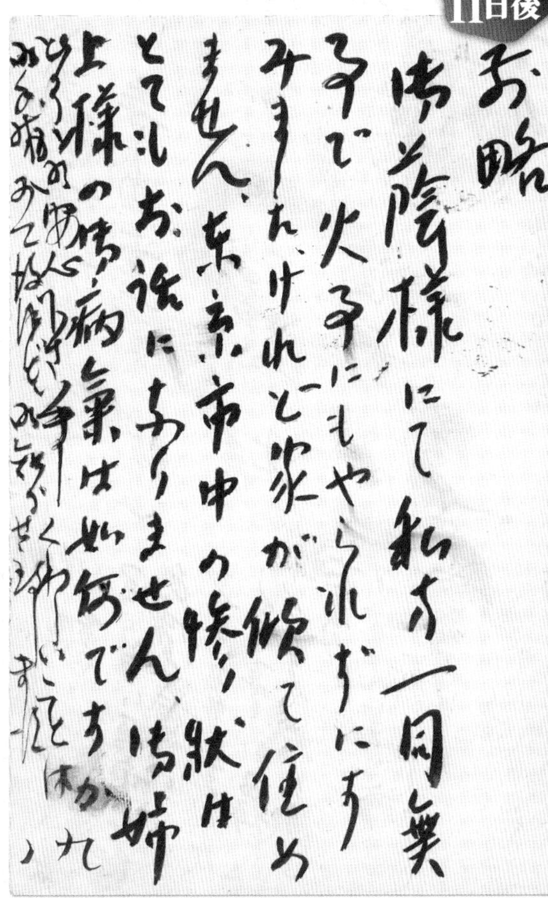

拝啓

御蔭様にて私方一同無事で火事にもやられずにすみました。けれど家が傾て住めません。東京市中の惨状はとてもお話になりません。御姉上様の御病気は如何ですか

震災後、被災者はひとまず落ち着くと、地方の親類縁者に自らの安否を知らせている。このはがきでは「私方一同無事で火事にもやられずにすみました。けれど家が傾て住めません。東京市中の惨状はとてもお話になりません」と命は助かったものの、住居が大きな被害を受けたため、住む場所に困っている様子が書かれている。

御殿場→清水港→東京→横浜と大きく迂回し、被災地支援に入った警備隊

東京中央／大正12年9月13日→長野

「当地ハ殆と全滅にて…臭気鼻をつき…」

震災
13日後

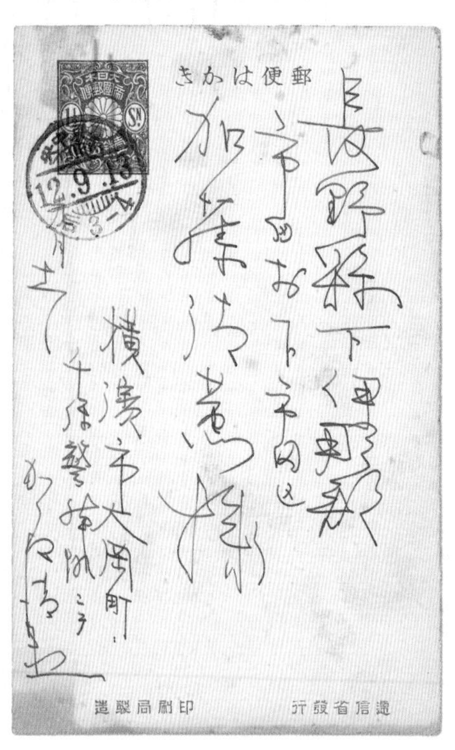

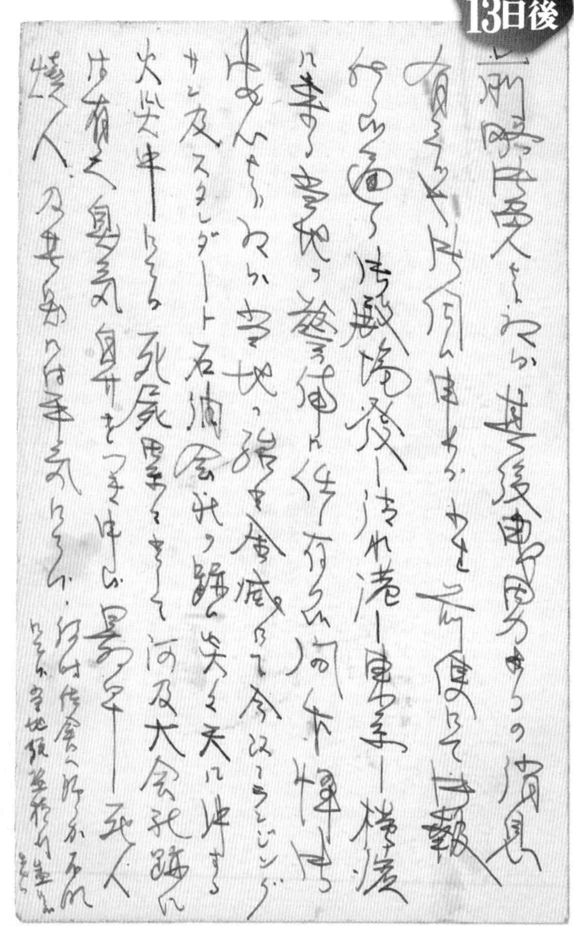

震災時、御殿場にいた部隊が震災で東海道や東海道本線の通行が困難なため、御殿場→清水港→東京→横浜と大きく迂回して横浜に入り、現地の警備に入ったことを伝えている。また「当地は殆と全滅にて今以てランジングサン及スタンダード石油会社の跡ハ災か天に達する火災中にて候。死屍累々として河及大会社跡には臭気鼻をつき申候」と現地の被害状況を綴っている。

浅草十二階(凌雲閣)を爆破

東京・小石川/大正12年9月25日→岐阜

「浅草寺のみ焼け残り、十二階の半分は陸軍が爆破」

震災25日後

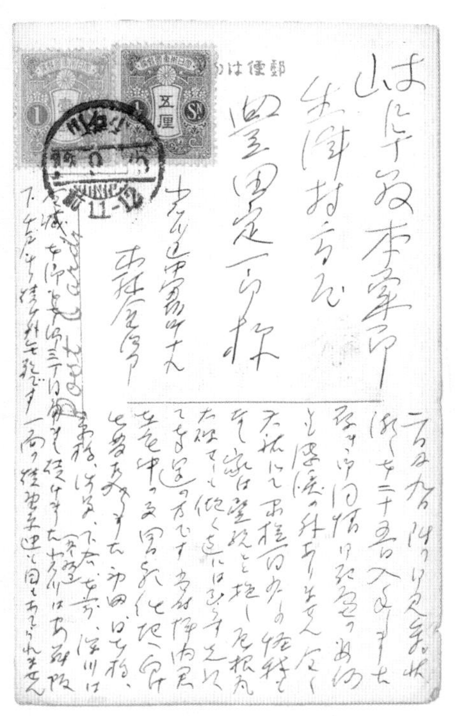

「神田、日本橋、京橋、浅草、下谷、本所、深川は全滅、本郷も本郷三丁目角まで焼けました…一面ノ焼野原、迚も目もあてられません」と被害の状況を伝えている。また浅草十二階(凌雲閣)についてもふれており、「浅草寺のみ焼け残り…、十二階の半分は昨二十三日陸軍が爆破しました。上野から見下ろせば全市全く焼野原です」と、倒壊した浅草十二階の残っていた部分を陸軍が爆破したことがわかる。

帝国大学・東京罹災者情報局

東京・本郷／大正12年9月25日→京都

「日本橋区は全部焼失、御尋ねの方死傷者中になし」

震災
25日後

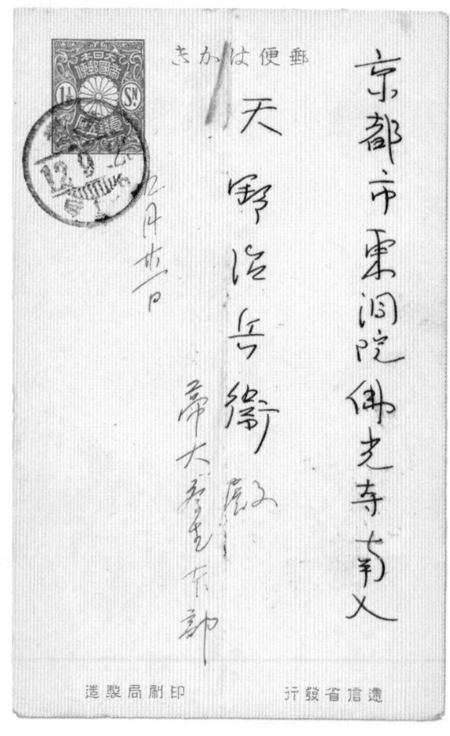

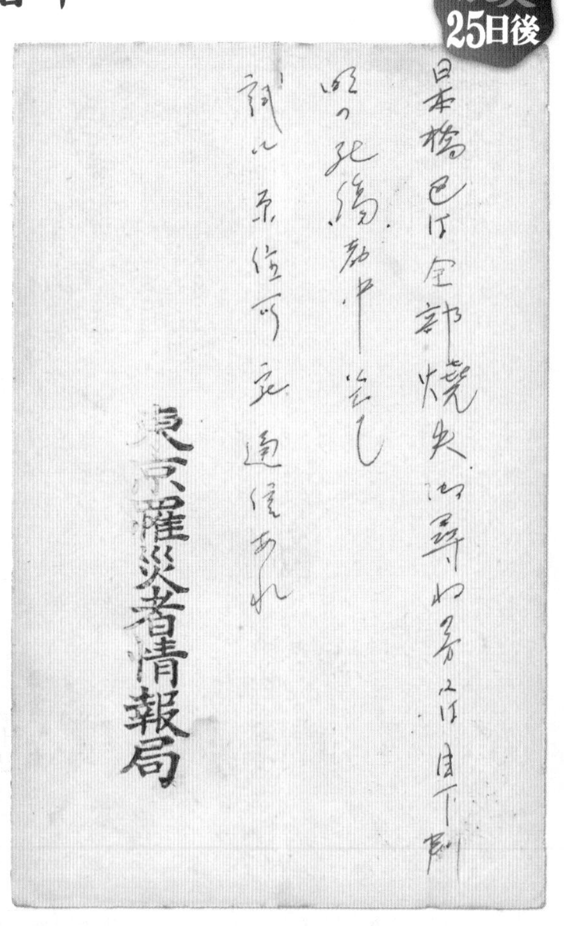

個人の安否については新聞社などからのニュースも少なく、地方からの在京者の安否情報を求める声に応えるため、帝国大学の教授や学生たちが作ったボランティア団体が「東京罹災者情報局」。このはがきでは調査の上、「日本橋区は全部全焼、御尋ねの方には目下判明の死傷者中になし。試に原住所宛通信あれ」と回答している。

警備隊による小田原の治安維持・復旧

震災25日後

「箱根小田原も倒壊せぬ家屋は一軒もなく…」

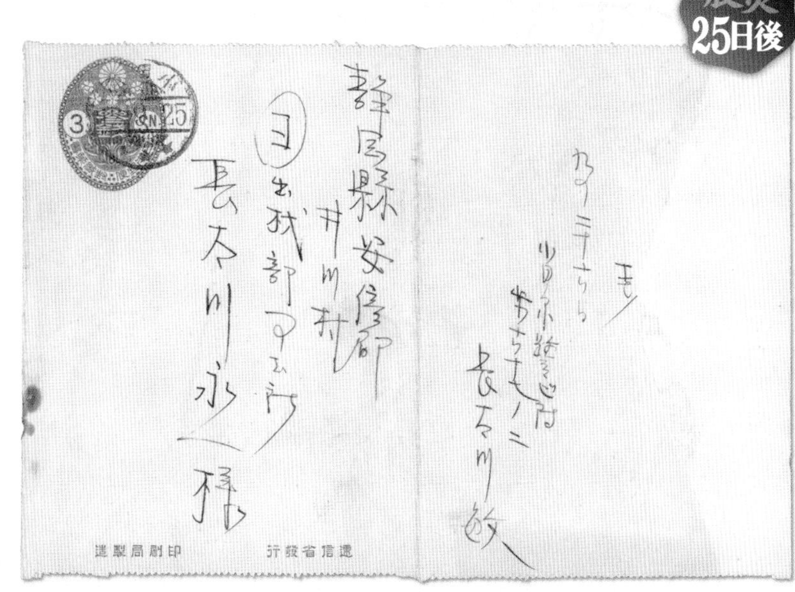

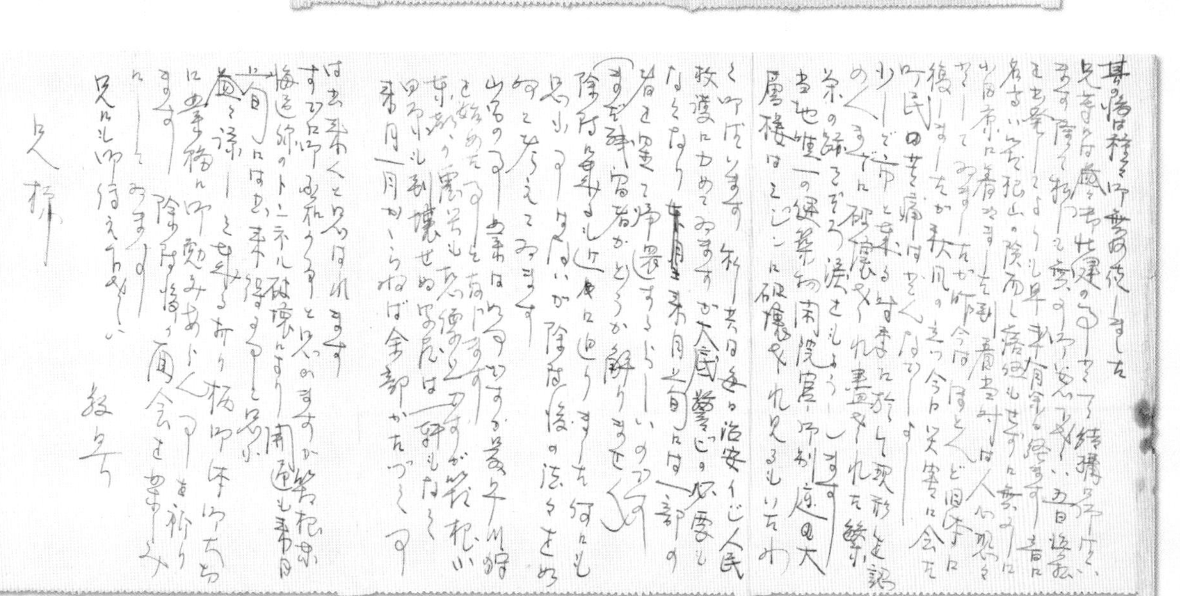

浜松から来て、小田原の復旧などにあたっている警備隊の方からのはがき。「秋風の立つ今日災害に会た町民の苦痛はどんなでしょう。原形を認めんまでに破壊され盡された繁栄の跡そぞろ涙をもようします。箱根小田原も倒壊せぬ家屋は一軒もなく、来月一月かゝらねば全部かたづく事は出来んと思はれます」と被害の状況を綴っている。

静岡県震災救援 小田原出張所

小田原／大正12年9月25日→小田原

「御動静如何ですか…当出張所まで御通知下さい」

震災
25日後

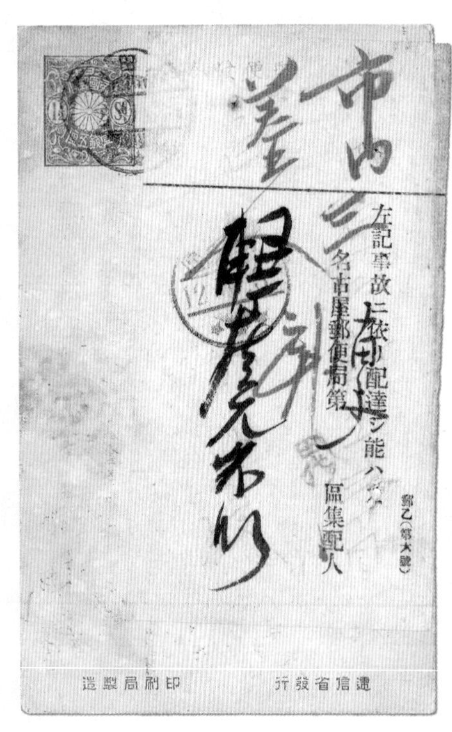

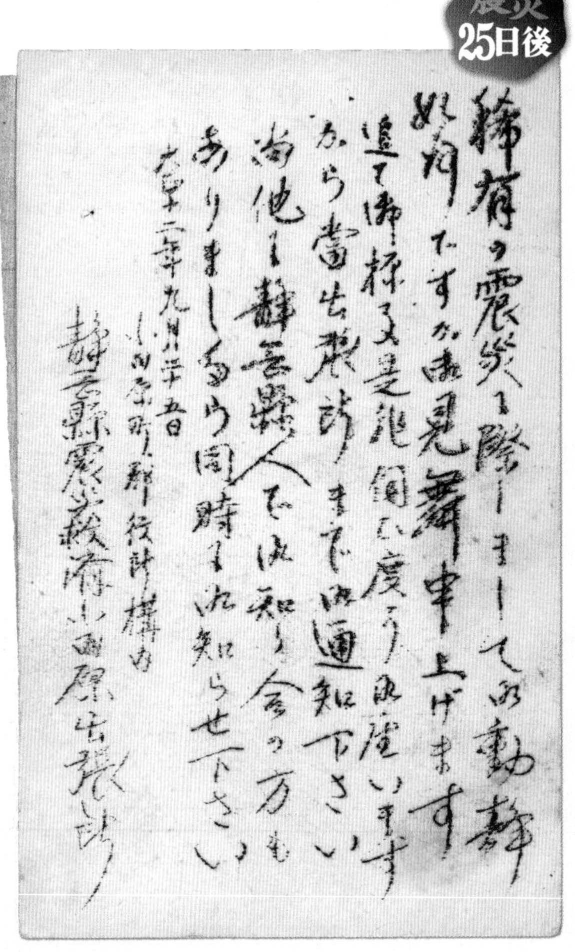
稀有の震災ニ際しまして御動静
如何ですか御見舞申上げます
追て御様子是非伺ひ度う御座います
から当出張所まで御通知下さい
尚他に静岡県人で御知り合の方も
ありましたら同時に御知らせ下さい
大正十二年九月廿五日
静岡県震災救済小田原出張所

「稀有の震災に際しまして御動静如何ですか御見舞申上げます。追て御様子是非伺ひ度う御座いますから当出張所まで御通知下さい。尚他に静岡県人で御知り合の方もありましたら同時にお知らせ下さい」とあり、各行政機関も被災地の自県民の安否や状況を把握しようと懸命に努めていたことがわかる。小田原市内に宛てたはがきだが、返送の付箋には物資不足のためか、名古屋郵便局のものが流用されている。

東西定期航空で運ばれた震災飛行郵便

東京・牛込→大阪中央／大正12年9月26日→奈良

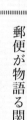

震災
26日後

「当方一同無事御安心被下度」

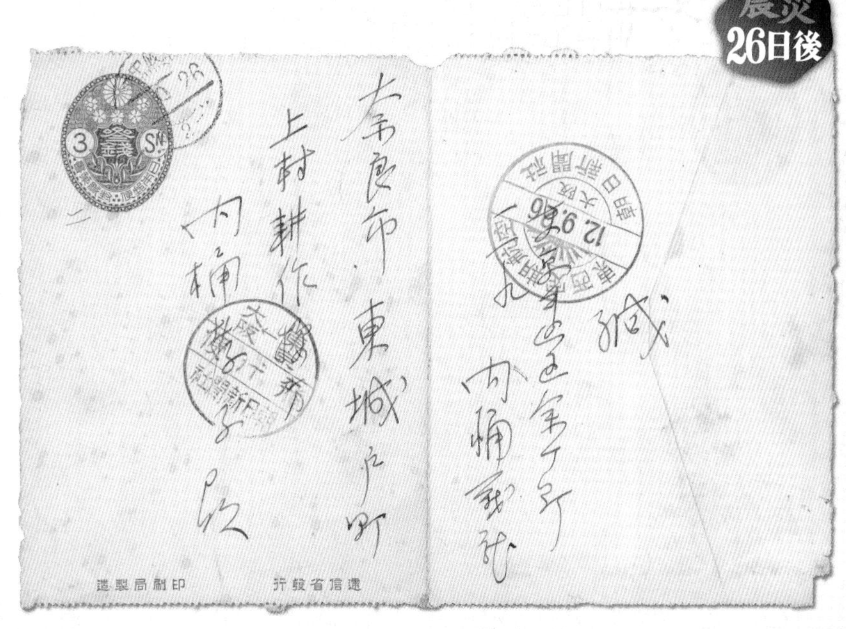

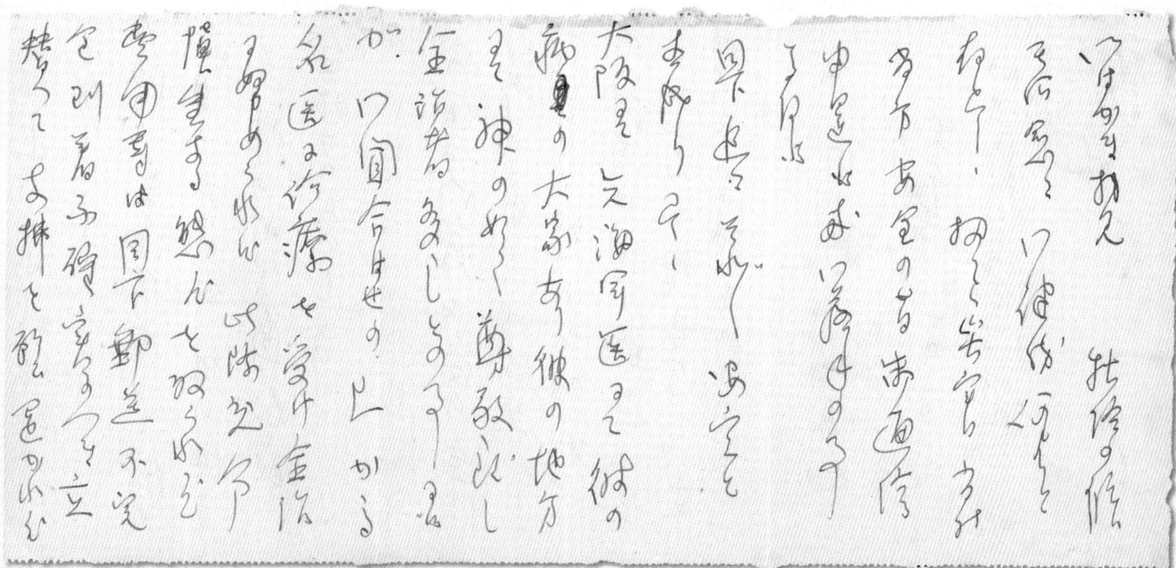

朝日新聞社の「東西定期航空」(東京→大阪飛行便)で運ばれた手紙。東京・立川飛行場から大阪・城東練兵場まで飛行機で運ばれた後、大阪中央郵便局へ持ち込まれて消印が押され、その後、奈良へ運ばれた。親族と思われる方の病を心配して名医の診察を受けるよう勧めているほか、この手紙以前にもすでに一同の無事は伝えていたようだが、手紙の最後で「当方一同無事御安心被下度」と改めて無事を伝えている。

Column コラム

大正十二年九月五日

大阪朝日新聞 號外

横濱の大震害―最初の詳報

二晝夜に亙つて現場を視察す

麥酒の海に溺れた職工

東京横濱間を先づ突破す

東朝記者 山本地榮手記

市中は二十間おきに死者一人の割

焼盡される全市を 徹宵高島山から望む

岩手丸で神戸に向ふまで

東朝記者 羽田三吉手記

裏面へ續く

震災中の東京深川方面

壊滅に歸した湘南

慘澹たる鎌倉方面

平塚でも火薬爆發

米獨大使館員卽死

列車斷崖より海中へ

大阪朝日新聞發行所

大阪朝日新聞 号外

大正12年(1923) 9月5日

震災の起きた1日午後2時に社命で東京から大阪に向かった朝日新聞記者数名による9月5日付けの大阪朝日新聞号外記事。「大森付近の亀裂は甚だしく倒壊家屋及び死傷は其数を増し」、「川崎鶴見は一層甚だしく…道路の亀裂は二尺以上の所もあり深さは五、六尺に達し断層亦三、四尺の所あり」、「横浜公園に避難した市民は地震に次ぐ火焔で髪の毛は焼かれ打傷や火傷で傷のないものとて一人もなかった」、「焼盡される横浜を高島山から望む」、「市中は二十間おきに死者一人の割」、「壊滅に帰した湘南」、「平塚でも火薬爆発」など震災直後の惨状を克明に伝えている。

第2章
絵はがきで見る関東大震災

銀座通りと三越呉服店

銀座通の惨状

三越呉服店焼跡

不燃化をめざして建設された銀座を象徴する煉瓦街だったが、地震では大きな被害はなかったものの、火事ですべて焼けてしまった。

三越呉服店では、地震が起きると大勢が出口に殺到して大変な混乱状態となった。建物は地震では大きな被害はなかったものの、当日の夜８時ごろから付近で燃え出した火事により全焼した。

帝国ホテル・内務省

帝国ホテル付近の猛火

火中の内務省及その附近

震災当日は帝国ホテル・ライト館の完成披露宴が予定されていた。多くの建物が倒壊する中、ライト館は軟弱な地盤に対応した「浮き基礎」と呼ばれる構造のため、被害はわずかな損傷のみだった。

内務省庁舎は震災で焼失したため、麹町区外桜田町にあった内務大臣官邸に臨時震災救護事務局が設置され、震災の対応にあたった。

国技館・帝国博品館

国技館附近の惨状

上野帝国博品館の焼失アト

国技館は大正９年１月に完成・開館式を挙行したばかりであったが、震災で屋根・柱など外観を残して焼失してしまった。その後、再建を進め、翌年の夏場所から大相撲興行を再開した。

「東洋一の商品陳列館」とも謳われた上野帝国博品館。大きなドームがシンボルだったが、震災の翌日、正面の壁だけを残して、焼け落ちてしまった。

上野駅と上野広小路

上野駅及浅草方面焼跡

上野広小路附近震災後の惨状

地震当日、上野駅は屋根が落ちるなどの被害があったが、それ以外は比較的被害が少なかったため、多くの避難者が駅周辺に押し寄せ、ホームや線路にまで人があふれた。しかし、その後火事で全焼した。

上野広小路付近も、広範囲にわたって焼失した。上野・松阪屋は、入り口は燃えにくい材質で建てられていたため、入り口部分のみが焼け残り、他は焼失してしまった。

浅草十二階と浅草仲見世通り

浅草十二階附近の惨状

浅草仲見世通りヤケアト

浅草十二階(凌雲閣)は、明治23年(1890)竣工の高さ52m・12階建ての建物。震災によって、上部が折れる形で倒壊した。経営難から再建は断念され、9月23日に陸軍によって爆破解体され、撤去された。

赤レンガづくりの店が並び大変賑わいを見せていた浅草仲見世通りも、震災によりほとんどの建物が壊滅し、一面が瓦礫の山になってしまった。

吾妻橋・永代橋

吾妻橋の惨状

永代橋附近の実況

隅田川には当時、南から永代橋、新大橋、両国橋、厩橋、吾妻橋の５つの橋が架かっていたが、このうち吾妻橋、永代橋、厩橋の３つの橋は火災により致命的な損傷を受けた。

吾妻橋の対岸左に見えるのは大日本麦酒(現サッポロビール)の工場で、永代橋では橋と並行する鉄道橋も大きくゆがんでしまった。

神奈川県庁・税関、横浜グランドホテル

（大正12.9.1.橫濱大震災）橫濱神奈川縣廳と稅關燒失の光景

横浜神奈川県庁と税関焼失の光景

悲惨ナルグランドホテルノ倒壊

上のはがきの炎上部分は、あとから被害を誇張するために追加されたもの。しかし、横浜中心部の震災被害は、尋常ではないほど大きなものだった。

明治６年（1873）に開業した横浜グランドホテルは、山下町の谷戸橋際にあったが、地震により倒壊焼失した。その後、復興計画として建設され、公募名称「ホテルニューグランド」を昭和２年（1927）に開業した。

小田原・箱根登山鉄道

小田原町道路の亀裂

箱根登山鉄道の大破

土地の亀裂は駅前から幸町通り小田原御用邸の濠端が最も凄く三尺以上も割れ、六尺位埋没して崖をなしているところもあったとの記録がある。

山岳地帯を縫うように走る箱根登山鉄道も被害は甚大で、広範囲にわたる山崩れの影響で線路は大部分が崩壊または埋没。トンネルや橋もほとんど原形をとどめず、全線にわたって寸断された。

鉄道による避難　日暮里・新宿

日暮里停車場へ殺到したる避難民

新宿駅より避難民輸送

上野駅の焼失により東北方面との発着駅となった日暮里駅や、隣駅の鶯谷駅周辺は、東京から逃れる多数の避難民でごった返した。新宿駅からも中央線沿線への避難民の輸送が行われた。その後、震災の影響で東京の人の流れを大きく変えることになり、東京西部に宅地開発が進められ、震災で大きな被害を受けた浅草や両国などの下町から、移り住む人が急増し「新宿駅」の役割が変化し、利用者が増加した。

船・軍艦による避難と救援物資輸送

避難者の軍艦輸送

食糧芝浦に集まる

鉄道が地震で寸断されたため、9月7日から海軍省の軍艦、鉄道省の連絡船が清水港まで被災者を輸送した。日本郵船などでも東京－神戸等で避難民輸送を実施。横浜－清水間では米軍艦船も使用された。

救援物資の輸送の多くは船で運ばれたが、当時の東京港は水深が浅いため、唯一、大型船が接岸できる芝浦の水深－3.6mの場所を利用して輸送した。港は救援船と援助物資の積み置きで大混雑となった。

宮城前・芝方面テント村

宮城前の天幕張バラック

無線電信塔上より見たる芝方面のバラック街

臨時震災救護事務局が主体になり、大規模な公設バラックが開設された。日比谷公園、明治神宮外苑、靖国神社境内、上野公園(竹之台,および池之端)、芝離宮、芝公園の６ヵ所。

著名画家が描く震災図案
竹久 夢二

「姉と妹」

竹久夢二（1884-1934）は、明治・大正期の画家、詩人。大正ロマンを代表する画家で、数多くの美人画を残しており、その抒情的な作品は「夢二式美人画」と呼ばれる。関東大震災時、夢二は当時暮らしていた東京・渋谷で被災しており、変わり果てた東京の街をスケッチや文章で残している。「姉と妹」と題された絵はがきでは、焦土と化した街並みの中、不安そうに寄り添う姉妹を描いている。

著名画家が描く震災図案

蕗谷 虹児

「焼跡の月」

「戒厳令」

蕗谷虹児（1898-1979）は、大正・昭和期の画家、詩人。少女雑誌などの挿絵で人気を博し、詩画「花嫁人形」は、後に杉山長谷夫の作曲で童謡にもなり、虹児の代表作となった。関東大震災を描いた絵はがきは、上の「焼跡の月」、「戒厳令」のほか、「生き残れる者の嘆き」、「絶望」など数多くが発行されている。また復興へ向けた「建設の力」、「復興の女神」などの絵はがきも描いている。

第3章

関東大震災を描く大判図

浅草公園「十二階」と「花屋敷」付近の延焼状況を描く絵図

浅草公園にあった、当時最高の展望タワーの「十二階」は焼失。また、公園内の遊園地「花屋敷」（現在の「花やしき」）では、火災で全焼する直前に、見世物の象やその他の動物たちを無事に避難させるのに成功した。しかし、この地域はその後、火災ですべて焼け野原となった。

浅草公園
（帝都大震災画報其一）
大正十二年九月一日午前十一時五十八分關東地方に未曾有の大地震起り地ハ亀裂を生じ家屋は倒壊し次で東京市内八十余箇所に火災起り一面に火原と変じ折柄風勢強烈にして旋風を起し水道又断水消防に術なく逞しき猛威に任するのみ焼失家屋三十余万戸死者七八万人負傷者に至りてハ幾万なるや算なし火焔に包囲せられ叫声を揚げ親に離れ子を失ひ一家離散し身を以て免れ互に安全なるを喜ぶのみ其悲惨極り無く戒厳令を布られ救護軍隊ハ不眠不休にて活動し京橋、浅草、日本橋、下谷、芝、麹町、神田、本所、深川の各區ハ見渡す限り一面の焦土と化し惨害甚大なり

（大正12年９月30日発行／発行所：浅草・駒形「集画堂」　片面刷り・多色印刷）55cm×39cm

両国橋から隅田川を隔てて本所の国技館方面を望む絵図

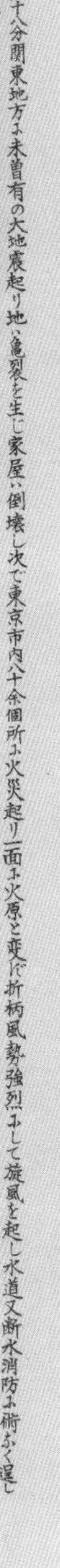

両國橋よ
（帝都大震災画報其ニ）
大正十二年九月一日午前十一時五十八分関東地方ニ未曽有の大地震起り地ハ亀裂を生じ家屋ハ倒壊し次で東京市内八十余個所ニ火災起リ一面ニ火原と変じ折柄風勢強烈ニして旋風を起し水道又断水消防ニ術なく遅
き猛威ニ任するのみ焼失家屋三十余万戸死者七八万人負傷者に至りてハ其幾万なるや算なし火焔ニ包圍せられ叫声を揚け親ニ離れ子を失ひ一家離散し身を以て免れ互ニ安全なるを喜ぶのみ其悲惨極り無く戒厳
令を布られ救援軍隊ハ不眠不休ニて活動し京橋、浅草、日本橋、下谷芝、麹町、神田、本所、深川の各區ハ見渡す限り一面の焦土と化し惨害甚大なり
兩國橋

（大正12年９月30日発行／発行所：浅草・駒形「集画堂」 片面刷り・多色印刷） 55cm×39cm

本所区（現在の墨田区）の国技館方面を、隅田川を隔てた現在の台東区側から眺めた火災の状況図。画面右端の両国橋が延焼中であることが分かる。当時の橋は木造部分が多く、これがすべて焼失したので、逃げ場を失った人々は、川舟に殺到した。

浅草広小路と仲見世付近の火災状況を描く絵図

関東大震災を描く大判図

浅草の仲見世は、当時東京市内で目抜きの繁華街だった。大震災当日も、大勢の人出があり、そこへ大火災が襲いかかった。火は一時、浅草寺を包み込むように見えたが、急に風向きが変わって本堂や五重塔などは災害を免れた。前景は逃げ惑う人達。左手の市内電車は、既に火災で運行不能。

浅草廣小

大正十二年九月一日午前十一時五十八分関東地方に未曽有の大地震起り地ハ亀裂を生じ家屋ハ倒壊し次で東京市内八十余個所に火災起り一面に火原と変じ折柄風勢強烈にして旋風を起し水道又断水消防に術無く逞しき猛威に任ずるのみ焼失家屋三十余万戸死者七八万人負傷者に至りてハ幾万なるや算無し火焔に包圍せられ叫声を揚げ親に離れ子を失ひ一家離散し身を以て免れ互に安全なるを喜ぶのみ其悲惨極り無く戒厳令を布られ救援軍隊ハ不眠不休にて活動し京橋、浅草、日本橋、下谷、芝、麹町、神田、本所、深川の各區ハ見渡す限り一面の焦土と化し惨害甚大なり

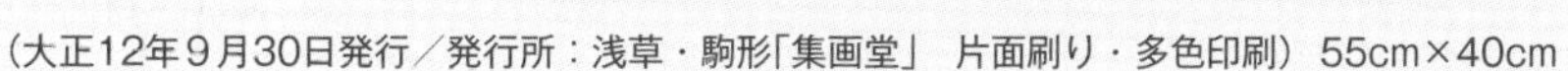

（大正12年９月30日発行／発行所：浅草・駒形「集画堂」 片面刷り・多色印刷）55cm×40cm

新吉原仲之町通りの火災による竜巻の発生状況を描く絵図

関東大震災を描く大判図

新吉原は、現在の台東区千束に当たる。当時、ここは、東京の花街として知られ、三百軒以上の建物が並んで、不夜城とも言われた。火災により発生した竜巻に慌てて逃げる芸妓、娼妓の悲鳴が聞こえるような絵図である。

新吉原
（帝都大震災畫報其五）
大正十二年九月一日午前十一時五十八分関東地方に未曽有の大地震起り地ハ亀裂を生じ家屋ハ倒壊し次で東京市内八十余個所に火災起り一面に火原と変じ折柄風勢強烈にして旋風を
起し水道又断水消防に術なく逞しき猛威に任せるのみ焼失家屋三十余万戸死者七八万人負傷者に至りてハ幾万なるや莫なし火焔に包圍せられ叫声を揚げ親に離れ子を失ひ一家離散し身
を以て免れ互に安全なるを喜ぶのみ其悲惨極り無く戒嚴令を布かれ救援軍隊ハ不眠不休にて活動し京橋、浅草、日本橋、下谷、芝、麹町、神田、本所、深川の各區ハ見渡す限り一面の焦土と化し惨害甚大なり
SK

（大正12年９月30日発行／発行所：浅草・駒形「集画堂」 片面刷り・多色印刷）55cm×40cm

Column コラム

「浅草十二階（凌雲閣）の赤レンガ」

平成30年（2018）２月９日、大正12年（1923）の関東大震災で倒壊した凌雲閣（りょううんかく）の基礎部分が浅草２丁目のビル工事現場で見つかった。凌雲閣のあった正確な位置を特定する貴重な材料である。「浅草十二階」（凌雲閣）は1890年竣工の高さ52m・12階建て建物。関東大震災によって、上部が折れる形で倒壊した。経営難から再建は断念され、同年９月23日に陸軍赤羽工兵隊によって爆破解体され、撤去されていた。

崩壊した「浅草十二階」（凌雲閣）

撮影・坂崎幸之助

発見された「浅草十二階」の基礎部分

撮影・坂崎幸之助

「浅草十二階」の基礎に使用された赤レンガ

第4章

生活への影響・混乱

情報のかなめ、官製壁新聞

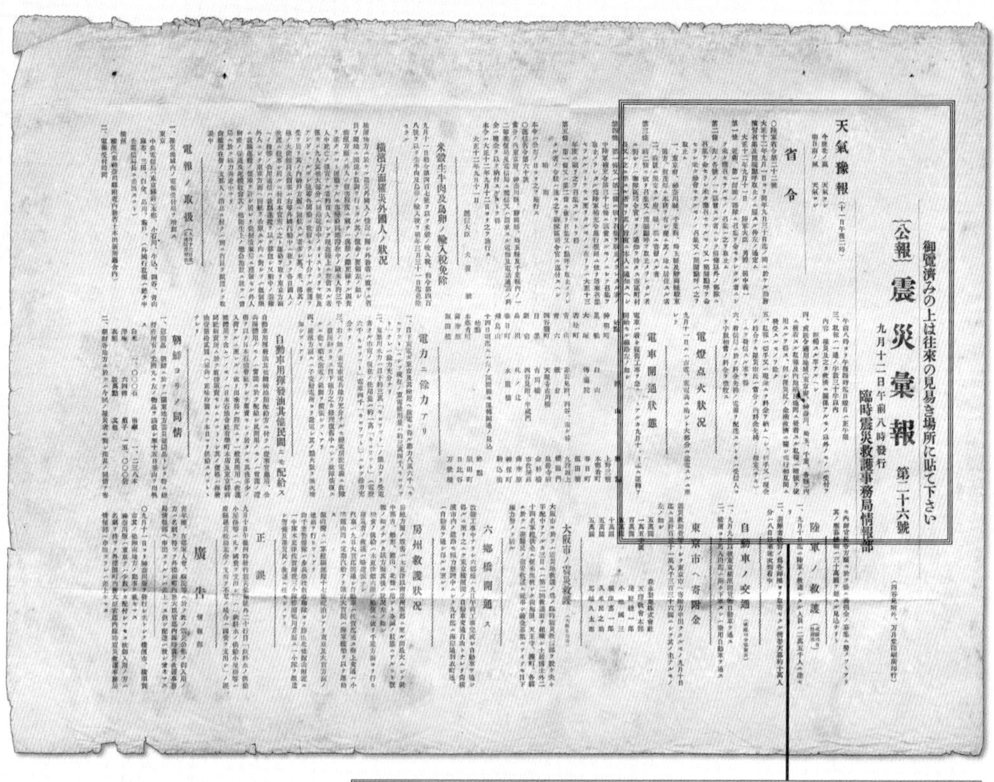

御覧済みの上は往來の見易き場所に貼て下さい

〔公報〕震災彙報　第二十六號

九月十二日午前八時發行

臨時震災救護事務局情報部

午前八時ヨリ午後四時迄日曜日ハ正午限

三、私報ハ一通ノ字數三十字以内
内容　罹災及之カ救濟ニ關係アルモノ以外ノモノハ受付ヲ拒絶スル事アルヘシ

四、戒嚴令適用地域(東京府、神奈川、埼玉、千葉、各縣)内ニ發着スル私報及内地殖民地間ニ發着スル私報ハ暗號ヲ使用スルヲ得ス、但シ罹災民ノ金融救濟ニ關シ銀行相互間ニ發受スルモノヲ除ク

五、私報ハ切手又ハ現金ニテ料金ヲ納ムヘシ、切手又ハ現金ノ持合ナキ罹災市民ハ當分ノ内料金先拂…指定(サキ)…ニテ發信スル事ヲ得

六、着信局ニ於テ料金先拂ノ電報ヲ配逹スルトキハ受信人ヨリ字數相當ノ料金ヲ徴收ス

天氣豫報（十一日午後二時）

今晩北ノ風　天氣ヨシ
明日南ノ風　天氣ヨシ

省令

○陸軍省令第二十二號

大正十二年九月一日ヨリ同年九月三十日迄ノ間ニ於ケル勤務演習召集及簡閲點呼取止メニ關スル件左ノ通定ム

大正十二年九月十一日　陸軍大臣　男爵　田中義一

第一條　近衞、第一師團ノ部隊ニ召集ヲ命セラレタル者ニシテ未タ應召セサルモノノ召集ハ之ヲ取止ム

第二條　左ノ各號ノ一ニ該當スル者ニシテ前條以外ノ部隊ニ召集ヲ命セラレ未タ應召セサルモノ又ハ簡閲點呼ヲ命セラレ未タ參會セサルモノノ召集又ハ簡閲點呼ハ之ヲ取止ム

一、東京府、神奈川縣、千葉縣、埼玉縣及靜岡縣駿東田方、賀茂郡ニ本籍ヲ有シ現ニ其ノ地ニ居住スル者

二、前號ニ規定スル府、縣、郡ニ寄留スル者

第三條　前二條ニ依リ召集又ハ簡閲點呼ヲ取止メラレタル者ニ對シテハ聯隊區司令官ヨリノ通知ヲ待タス市區町村長又ハ之ニ準スル者ヨリ其ノ旨直ニ本人ニ通知スヘシ

電燈点火狀況

九月十一日ニハ市電、東電共ニ殆ント大部分ニ送電スルニ至レリ

電車開通狀態

電車ハ着々復舊工事ヲ急…、アルカ九月十…迄ニ運轉ヲ開始セル線路左ノ如シ

官製の壁新聞〔公報〕震災彙報が東京市民への復興情報のかなめとして、人心安定用に配布された。９月２日第１号、３日には第２・３号が出され、６日から13日までは１日４号程度が発行された。発行は臨時震災救護事務局情報部。内容は臨時の公告、官庁の対応、交通機関の現状、災害状況、救護状況、電話、電報、郵便の状況など多岐にわたって、情報提供していた。19号（９日午後10時発行）から部数5,000部に、陸軍伝令・警察伝令による配布の他は、外桜田門内務大臣官邸で来所者に無償配布された。

バラック生活の営み　郵便・床屋

バラックへの郵便配達人

バラックの理髪店

各所に、震災廃材を利用したバラック、天幕を利用したテント村、焼け残った公共施設・公園などが仮の住居になった。そのバラックで、生活が営まれるようになった。

市内には切手・はがきが品切れ

三田／大正12年９月30日
→ 山形県豊里村

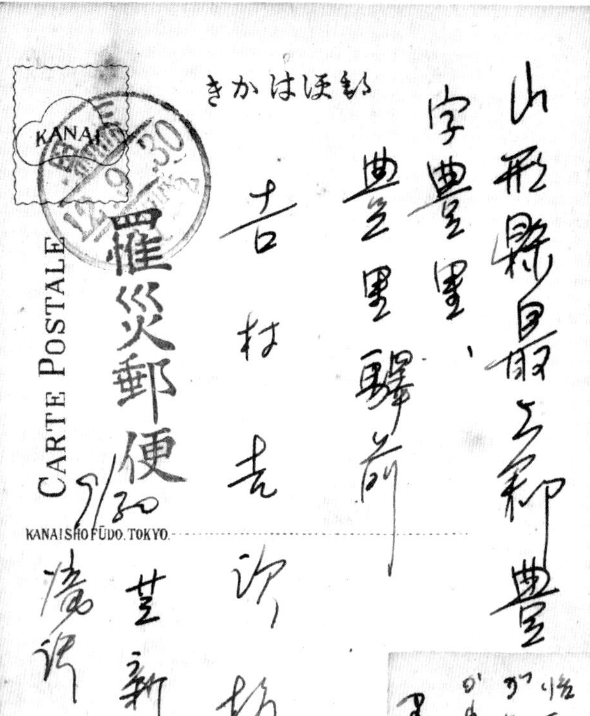

「仕付け糸と白糸を送って欲しい」

避難先の山形から29日早朝、上野に安着し、東京芝に戻っての礼状と思われる。生活を再開したものの、生活物資も入手出来ず、「仕付け糸と白糸を送って欲しい」と依頼している。そして、「市内には切手・はがきが品切れのため、失礼ですが、罹災郵便(受取人払い)で送るので、受け取って下さい」としている。物資不足をリアルに伝えているはがきである。

「〒」マークの筆・ペンで消印された郵便

～郵便の混乱。横浜地区日付印完全焼失、補充出来ず。～

横浜市本町　横浜貿易復興会
大正12年10月1日 → 信濃・上田

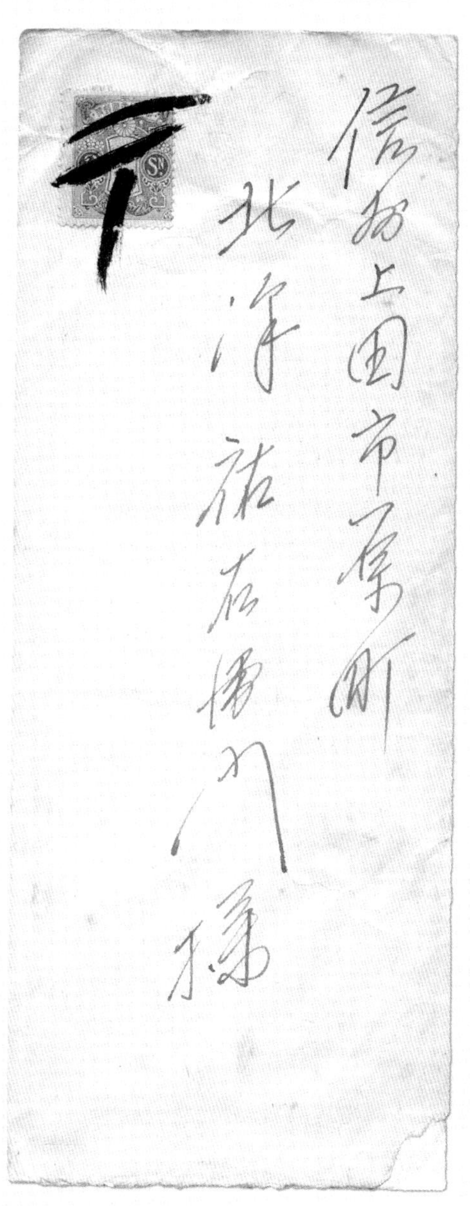

横浜長者町局（書留重量便）
大正12年10月18日 → 滋賀・豊郷村

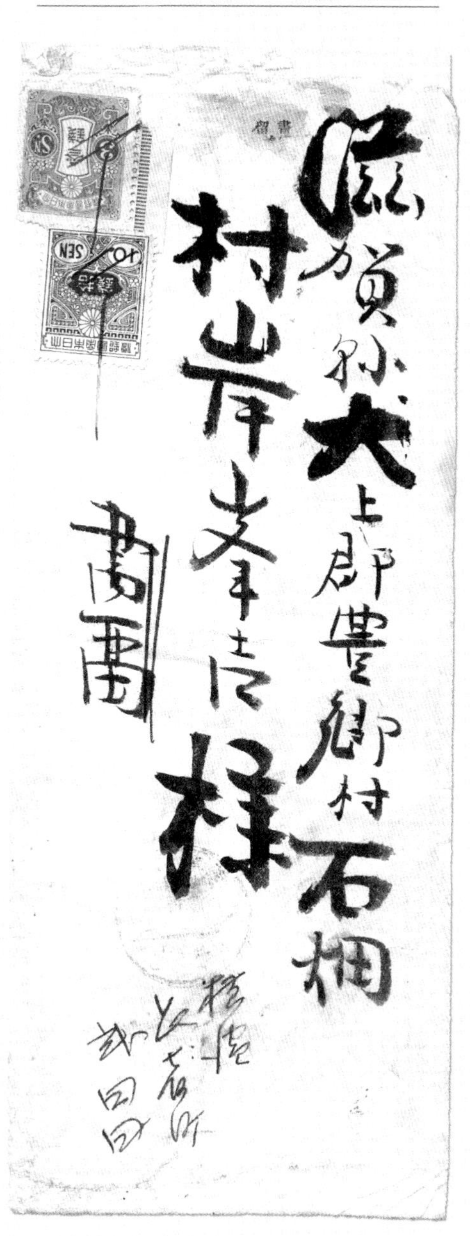

横浜地区の震災被害は大きく、郵便機能も停止した。大正12年９月中の横浜地区発の郵便物は東京中央局へ持ち込まれ、処理された。10月１日から横浜地区の郵便も再開されたが、資材が調達できず、手書きの「〒」印で切手を抹消し、書留番号も手書きで対応していた。

また、横浜各局は局員の被災が多く、局務再開には東京中央局局員が多数救援執務を行った。

切手節約の徹底

個人でも切手別納郵便
東海道線復旧工事関連軍人発信

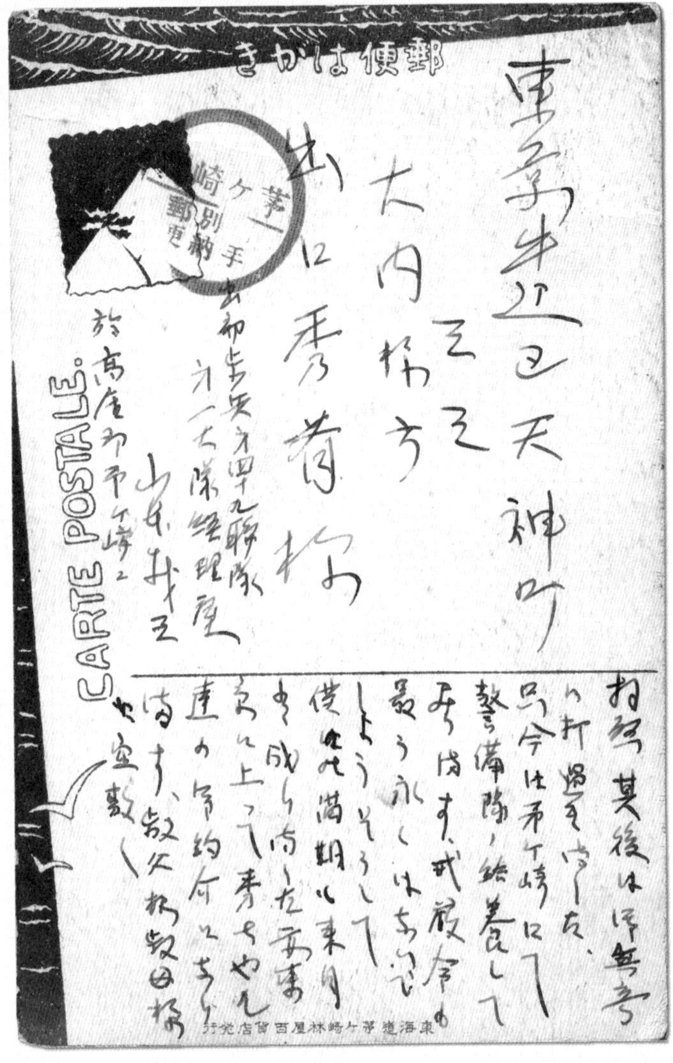

茅ヶ崎局／大正12年10月下旬
→ 東京・牛込

新切手（震災切手）発行の日（10月25日）、全国へ省令により「切手節約の徹底」が指示された。

この郵便はがきは、個人発信にもかかわらず、「切手別納郵便」印が押されている。茅ヶ崎郵便局に持ち込まれ、郵便料金を支払い、切手なしで発信されたものと考えられる。発信人は、大被害を受けた東海道線の復旧工事を務めていた軍人（歩兵四十九聯隊、第十七隊）と思われる。

馬入川鉄橋の墜落／その後、鉄橋は建て替えられたが、古い鉄橋の橋脚の台が相模川に現在も点々と残っている。

東海道線大磯駅外に於ける上り車両の転覆／震災時、東海道線では、多くの客車、貨物車両が、脱線・転覆等の被害を受けた。復旧には多くの時間を要し、10月28日に東海道本線は全面的に復旧開通している。

天皇陛下からの恩賜金

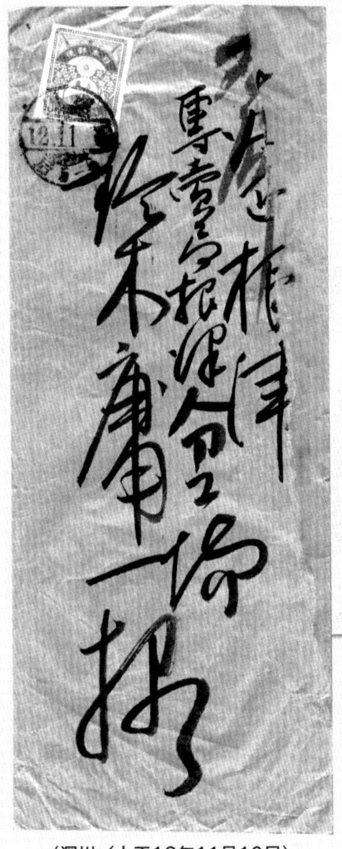

公告

今回の震災竝に之に伴ふ水火災により災難に罹られた方々に對し
畏くも
天皇陛下から御内帑金を下賜あらせられました、聖恩の鴻大にして
仁慈の深く渉らせらるること洵に感激に堪へぬ次第であります此の
有難い　御思召に副ふ爲め該當者には恩賜金をお分ち致しますから
罹災關係の方は左記の事項御承知の上洩れなく申告して下さい

記

一、申告場所　震災當時居住又は滯在したる市區町村役場
一、申告期間　大正十二年十一月廿日より
　　　　　　　大正十四年十一月十九日まで
一、申告者　震災竝に之に伴ふ水火災の爲め
　(1) 死亡又は行衛不明となりたる者の遺族
　(2) 負傷者（一週間以上醫師の治療を受けたるもの）
　(3) 全燒半燒全流失半流失又は全潰半潰したる家屋に居住したる世帶主
一、申告方法　申告用紙は市區町村役場にありますからそれに記入してお出しなさるのが便利です
　尚詳しいことは市區町村役場でお聞き下さい

公告

今回の震災竝に之に伴ふ水火災により災難に罹られた方々に對し
畏くも
天皇陛下から御内帑金を下賜あらせられました、聖恩の鴻大にして
仁慈の深く渉らせらるること洵に感激に堪へぬ次第であります此の
有難い　御思召に副ふ爲め該當者には恩賜金をお分ち致しますから
罹災關係の方は左記の事項御承知の上洩れなく申告して下さい

「天皇陛下からの恩賜金」公告と申請のために用意したと思われる寄留届が封入されていた郵便封筒。

（深川／大正12年11月10日）

寄留届申告

寄留場所　東京市下谷區仲御徒町二丁目拾弐番地
本籍　栃木縣那須郡大田原町四百四拾壱番地

續柄	氏名
世帶主	
妻	ギン
長女	美代
長男	淳一
二男	敏三
二女	ヨシ子

右住所寄留届候

大正十二年十一月　日

世帶主　鈴木庸一

東京市下谷區長　鈴木紀二郎殿

大正天皇から下賜された救溢金1,000万円は、被災した一府六県に分配された。東京府が710万円、神奈川県が250万円だった。申請期間は大正12年（1923）11月20日から大正14年（1925）11月19日までの２年間。恩賜金は12月１日より罹災者の手許に順次伝達されていった。この制度で、どのくらいの人が救済されたのだろうか。

罹災地での大学の授業再開と罹災学生支援

～早稲田大学・早稲田大学学生震災救護団～

授業開始通知

本大學各學部、專門部、高等師範部、第一、第二高等學院共來十月十一日（木）より平常の通授業開始、當日午前十時中央校庭に於て總長の訓示有之候間御參集相成度此段及御通知候也

尚乘車乘船劵購求の際は學生證と共に本通知書御提示相成候方便宜の次第に候

大正十二年九月廿七日

早稲田大學

學園罹災學生數は約二千名に御座候歸省學生諸兄上京の節各自左記の如き物品其他御持參の上寄贈相成り度候

一、帽子、洋服、靴、シャツ類、袷、綿入、羽織、袴、ノート其の他學用品

早稲田大學學生震災救護團

絵はがき／早稲田大学図書館（大正14年再建）

〇罹災高等諸學校災害程度開校月日生徒及假校舍調

本市内所在ノ高等諸學校中震火災ノ厄ニ罹リタルモノ廿六校ニシテ災害程度及其他ノ狀況左ノ如シ

校名	災害程度	現在學生	生徒數增減見込數	開校月日	假校舍
帝國大學	半燒	五、八一五	多少減	十一月一日	高等師範學校借受、學校應急修理
商科大學	殆ト全燒	二、三〇〇	—	十二月上旬	豫科校舍、東京農業大學、東京高等學校
早稲田大學	一部燒失	一〇、四九七	—	十月十一日	本校
明治大學	殆ト全燒	七、三二七	半數減	十月十五日	明治中學、豫科教室、東京商工學校
中央大學	同	四、九八五	同	十一月一日	燒跡ニバラック建設
日本大學	全燒	八、五七七	四分ノ一減	十月一日	池袋洋服裁縫學校、帝國女子專門學校
專修大學	同	未調査	—	—	—
東京慈惠會醫科大學	全燒	六五三	—	十一月一日	海城、麻布兩中學校、特殊授業赤十字病院
第一高等學校	破損多大	一、一〇〇	—	十月十五日	本校修理使用
國學院大學	破損多大	五五八	—	十月十一日	本校修理使用
外國語學校	全燒	一、二一七 内別科三三〇	別科ニ限リ半數減	十月廿五日	陸軍士官學校
上智大學	破損多大	一五〇	—	十一月中	本校修理使用
青山學院高等學院	同	七三五	多少減	十月廿五日	同
神學社神學校	全燒	四七	—	十一月一日	富士見町基督教會假會堂
女子英學塾	同	三二〇	—	十月十五日	日本女子學院
東京女子專門學校	同	四六二	多少減	十月十五日	高等蠶糸專門學校
東京齒科醫學專門學校	同	六〇〇	—	十月廿五日	慶應大學醫學部借受
日本齒科醫學專門學校	同	六四五	一割減	十月二十日	物理學校借受
明華女子齒科醫學專門學校	同	三五〇	半數減	十月五日	永久的教室建設中
東京女子齒科醫學專門學校	同	三五〇	同	十月五日	錦秋高等女學校
明治藥學校	全燒	一二五	三割減	十月十一日	女子藥學校
東京高等工藝學校	同	未調査	同	十月二十日	第六中學校
東京女子師範學校	同	同	同	十一月一日	女子學習院、女子專門學校、高等師範學校
東京高等工業學校	同	八〇〇	—	十一月一日	帝國大學農學部
大倉高等商業學校	同	未調査	三割減	十月十五日	麻布中學校
高千穂高等商業學校	破損	同	同	九月十一日	本校修理使用

備考　本調ハ九月末日文部省專門學務局ノ調査ニ依ル

資料／罹災高等諸学校 災害程度と開校月日

多くの高等諸学校が被災した。早稲田大学発信のこのはがきでは、大正12年（1923）10月11日からの授業再開連絡とともに、帰郷していた学生に対して罹災学生（約2,000名）への支援要請もしている。帽子、洋服、靴、シャツ類、袷、綿入、羽織、袴、ノート、その他学用品の持参・寄付を要請している。

野外少国民学校・バラック教室の小学校

日比谷公園の少國民學校
(教育擁護同盟)

日比谷公園の少国民学校

鐵砲洲小學校の急造バラック教室
(教育擁護同盟)

鉄砲洲小学校の急造バラック教室

罹災児童を対象に文部省内の少年団日本連盟が主宰した「野外少国民学校」は、市内６ヵ所で開設された。写真は日比谷公園の青空教室。

小学校の校舎も、急造のバラック教室を作り、授業が再開された。

郵便貯金に関する申告案内

～罹災地九府県の郵便貯金はすべて新通帳に交換～

郵便貯金に關する申告案内（大正十二年十月）

貯金局

申告期間 大正十二年十一月一日から十二月末日迄

申告場所 貯金局（現在、麻布富士見町統計局内假建築、小石川區竹早町國勢調査局跡） 郵便局（無集配局及別に告示する局を除く）

申告者 預ケ人、相續人、財産管理人、法定代理人、公共團體、社寺、學校又は各種法人若は團體の代表者及管理者、規約貯金の代表者、共同貯金の總代人及各預入者

申告の種類（左記の場合は申告して下さい）

同上申告に必要な書類

貯金本局受持に屬する貯金通帳記號の種類

一 い、り、を、あ、き、れ、ゐ、ゆ、め、南

二 前記の記號に恩、臨、据の記號を冠するもの

三 軍本、外、野戰、功、勳、京、艦（記號の下に「い」の文字あるもの）、臨艦

申告の種類	同上申告に必要な書類
一 上記記號の通帳（本年九月一日以前に發行のもの）を亡失した場合	一 郵便貯金通帳亡失申告書、貯金預拂高内譯書、貯金預入申込書、承諾書（申告記載事項中不明の部分に對し貯金局で補足するも異議なき場合）以上の外、證券保管通帳（亡失の場合は其亡失申告書）證券償還當籤通知書、證券賣却濟通知書等を所持する方は添付を要します
二 上記記號の通帳を本年九月一日以前に郵便官署に提出し、それが未だに返却されない場合	二 郵便貯金通帳亡失申告書、貯金預拂高内譯書 貯金預入申込書、承諾書（申告記載事項中不明の部分に對し貯金局で補足するも異議なき場合）以上の外、通帳受領證又は貯金假預り證を所持する方は添付を要します
三 上記の記號の通帳に對する再度通帳請求書を本年九月一日以前に郵便官署に提出し、未だに再度通帳を交付されない場合	三 郵便貯金通帳亡失申告書、貯金預拂高内譯書、貯金預入申込書、承諾書（申告記載事項中不明の部分に對し貯金局で補足するも異議なき場合）以上の外、通帳受領證又は貯金假預り證を所持する方は添付を要します
四 上記記號の通帳を郵便官署に提出中罹災郵便局（裏面の局）で預金の取扱を受け通帳に未だ記入を受けない中に貯金假預り證を亡失した場合	四 郵便貯金通帳亡失申告書（代用）貯金預入申込書 以上の外、通帳を所持する方は添付を要します
五 上記記號の通帳に對する再度通帳を請求中罹災郵便局（裏面の局）で預金の取扱を受け通帳に記入を受けない中に貯金假預り證を亡失した場合	五 郵便貯金通帳亡失申告書（代用）貯金預入申込書 以上の外、通帳を所持する方は添付を要します
六 上記の記號の通帳に對する貯金金高拂戻證書を本年九月一日以前に貯金局から送達され、それを亡失した場合	六 郵便貯金通帳亡失申告書（代用）貯金預入申込書
七 上記以外の記號の通帳でも罹災郵便局（裏面の局）で本年八月二十日から九月一日までに預入又は拂戻を爲しその通帳を亡失した場合	七 郵便貯金通帳亡失申告書 再度通帳交付請求書（此の場合に限り料金徴收）
▼ 以上の外、貯金通帳や貯金拂戻證書等が毀損汚斑の爲不明になつたものは亡失の場合に準します ▼ 上記記號の共同貯金總代人通帳に對する預入金に付ても各預入者から申告が出來ます	▼ 以上の場合に申告者が相續人、財産管理人又は法定代理人ならば、戸籍謄本又は裁判所等の證明書を要します ▼ 預ケ人が公共團體、社寺、學校以外の營利を目的としない法人若は團體又は産業組合ならば預入申込書に法人の場合は其の登記謄本又は主務官廳許可書の寫、團體の場合は規約書等の添付を要します

申告書記載方に關する注意事項

申告書類の書き方は申告書用紙に示してありますが、尚左記事項は必ずお書き下さい

一 通帳記號番號又は最初の預入局名

一 現在高（下記の方法で算定金額を）

一 預ケ人の氏名年齡（現在の年）

一 通帳面住所

一 大正十二年九月一日現在の住所

一 通帳亡失の場所、年月日事由、證憑

一 内譯書には無通帳で非常確認拂を受けた金額

一 保證人は公共團體を除く外必ず要ります

▼ 現在高（申告金高）の算出方法

一 通帳に記入されない元加利子、又は證券利子額若は貯金假預り證記載の預入金は之を現在高に加へません

二 本年九月一日以前に貯金局で發行した貯金一部拂戻證書を亡失した場合は證書面金額は現在高に加へます

三 本年九月一日以前に貯金局から證券償還金及賣却代金を貯金に組入濟の通知を受け未だ通帳に記入を受けない場合でも現在高には加へます

四 本年九月一日以降に無通帳で非常確認拂を受けられた金額は之を現在高から差引きます

注意事項

調査 申告に關しては帳簿類で調査し、尚實查に伺ふこともありますから正確に願ひます

不正 虚僞の申告は刑法で處罰されます

確認 申告が早ければ早く決定するとは限りません、不明瞭な點がありますと確認が遅れます

通知 確認が濟みますと通帳又は證書を發行交付致します

通帳 現に御所持の通帳は利子記入等の爲に當分受付けません 申告後に原通帳を發見されたならば速に局へお出し下さい

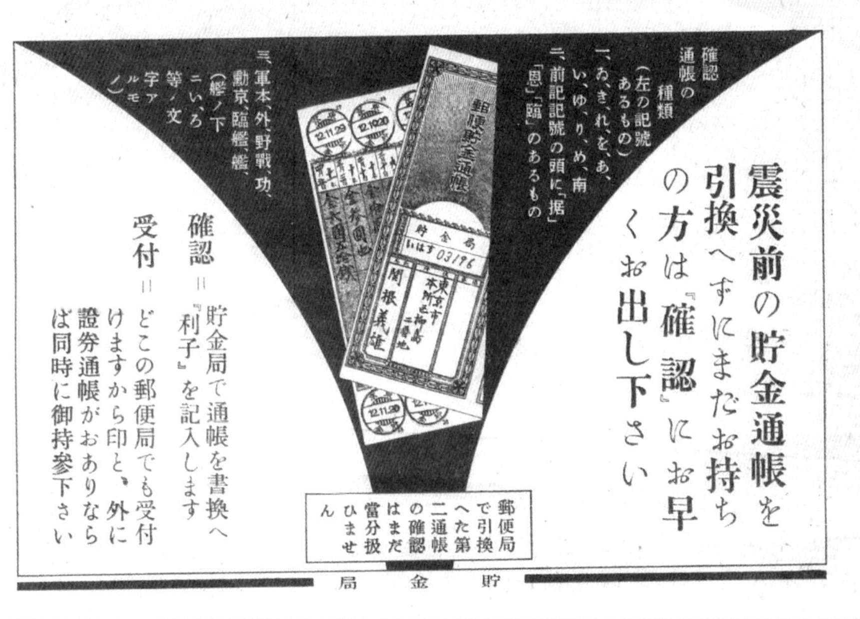

地震後に発生した火事により、貯金局の局舎は焼失した。618万に及ぶ口座の貯金原簿も焼失。その中で市中の銀行は一斉に休業したため、被災者のための貯金の払い戻しは急務であった。そこで、貯金局は９月３日から同月30日まで郵便貯金の非常確認払を実施した。払い戻しは１日１回、通帳を所有する者、30円、所有しないもの10円を限度に対応した。それらの応急処置の後始末として、震災前の貯金通帳の確認申告を実施した。

電話料金還付と復旧開通電話の抽選

還附料金差引計算書

「九段」局電話第　　番

震災ノ爲電話不通期間ニ對スル當該期既納ノ基本料（附加使用料モ含ム）還附額ハ左記ノ通リ今後ノ徴收料金ヨリ差引控除候ニ付御了知相成度候

追テ還附殘額アルモノハ今後電話復舊又ハ特設等ニ依リ料金納附セラルベキ場合ハ其料金ト差引計算チナシ然ラザルモノハ現金チ以テ還附方取計可申候ニ付御諒知相成度候

東京中央電話局

記

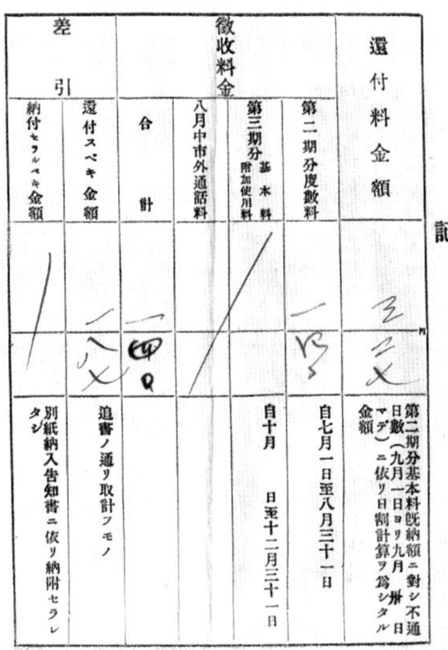

還付料金額	徴收料金 第二期分度數料	徴收料金 第三期分基本料附加使用料	徴收料金 八月中市外通話料	徴收料金 合計	差引 還付スベキ金額	差引 納付セラルベキ金額
三円二七	一円四〇			一円四〇	一円八七	
第二期分基本料既納額ニ對シ不通日數（九月一日ヨリ九月卅日マデ）ニ依リ日割計算ヲ爲シタル金額	自七月一日至八月三十一日	自十月　日至十二月三十一日			追書ノ通リ取計フモノ	別紙納入告知書ニ依リ納附セラレタシ

電話不通期の料金還付通知（東京中央電話局）

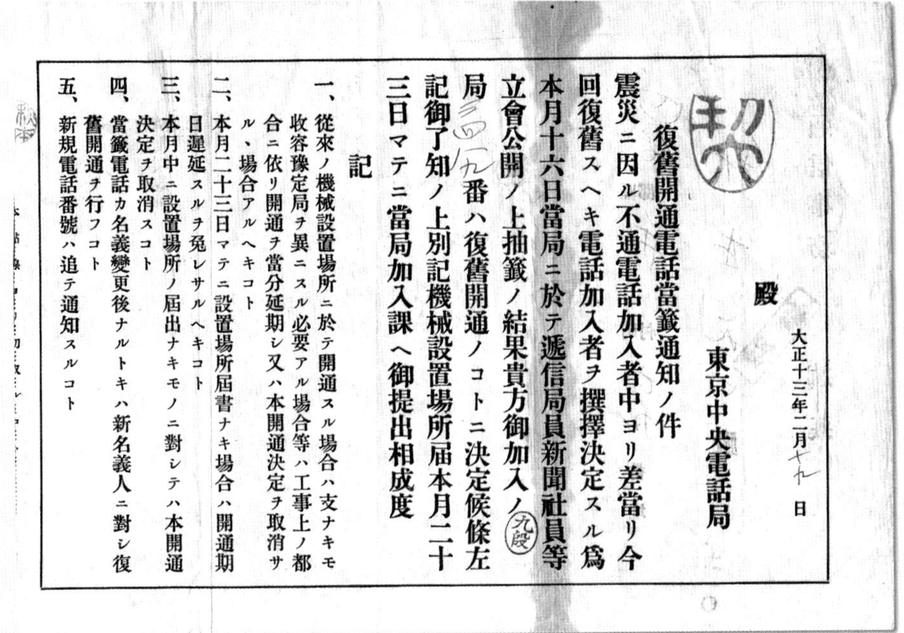

大正十三年二月十九日

東京中央電話局

殿

復舊開通電話當籤通知ノ件

震災ニ因ル不通電話加入者中ヨリ差當リ今回復舊スヘキ電話加入者ヲ撰擇決定スル爲本月十六日當局ニ於テ遞信局員新聞社員等立會公開ノ上抽籤ノ結果貴方御加入ノ九段局三四八九番ハ復舊開通ノコトニ決定候條左記御了知ノ上別記機械設置場所届本月二十三日マテニ當局加入課ヘ御提出相成度

記

一、從來ノ機械設置場所ニ於テ開通スル場合ハ支ナキモ收容豫定局チ異ニスル必要アル場合等ハ工事上ノ都合ニ依リ開通チ當分延期シ又ハ本開通決定チ取消サル、場合アルヘキコト

二、本月二十三日マテニ設置場所届書ナキ場合ハ開通期日遲延スルチ免レサルヘキコト

三、本月中ニ設置場所ノ届出ナキモノニ對シテハ本開通決定チ取消スコト

四、當籤電話カ名義變更後ナルトキハ新名義人ニ對シ復舊開通チ行フコト

五、新規電話番號ハ追テ通知スルコト

復旧開通の電話番号決定は抽選で厳正に。（大正13年２月19日／九段局第3489番　当選通知）

大震災により東京を中心に電話通信網に大きな被害をもたらした。火災により電話局をはじめ、電話線路、83,000を超えた加入者の宅内の電話機器の大部分があっという間に焼失した。上の通知は、前納していた不通期間（９月１日から同月30日）の電話基本料金を還付し、今後の徴収料金から差し引くという通知内容（前納金３円27銭の内、８月31日までの使用料１円40銭を差し引いた１円87銭を還付する）で、混乱の中でも公共機関はきめ細かい対応をしていた貴重な記録である。

電話局の再建、新設は、逓信省本庁舎や主郵便局の本格建設より優先して実施されたが、復旧台数に限度があり、復旧開通した電話は抽選で割り当てられ、新電話番号が交付された。

Column コラム

震災後一ヵ月余りでの、「関東大震災特集号」の刊行。

發賣禁止改訂版

東京
國際情報社發行

国際写真情報・関東大震災号
(大正12年10月10日発行)

關東大震災記

大阪朝日新聞社編纂

大阪朝日新聞・関東大震災記
(大正12年10月10日発行)

世界史上未曾有の大震災災害を広く周知し記録するために、多くの雑誌特集号、写真雑誌、写真帖が短期間のうちに発行された。テレビなどの映像メディアがない時代、役所、学校の他、多くの人が買い求めた。内容は、被害状況写真、被災地域地図、被災前との比較等の掲載が多かった。

第5章 郵便などへの暫定対応

震災切手(暫定切手)の発行

大正12年10月25日

1銭5厘(国内はがき料金用)

3銭(国内封書料金用)

5厘

2銭

4銭

5銭

8銭

10銭

20銭

震災切手(暫定切手)は、大震災からほぼ2ヵ月後の大正12年(1923)10月25日になってようやく発行された。額面は5厘から20銭までの9種類に限られた。国内はがき料金用の1銭5厘、封書用の3銭切手は上に示すように、それまで使われていた切手と比較して、目打も裏糊もなく、かなり貧弱なものとなった。

当時、東京駅近くにあった印刷局の惨状

低額切手の共通図案部分は、印刷局の技師によって凹版で彫刻された。これは原版試刷(プルーフ)で、彫刻者宇田川の割り印もある。(現存１点) 101mm×137mm

図案に額面数字などを挿入した原版も、宇田川の手で彫刻された。この試刷は不採用となった例(エッセイ)。(現存１点) 38mm×69mm

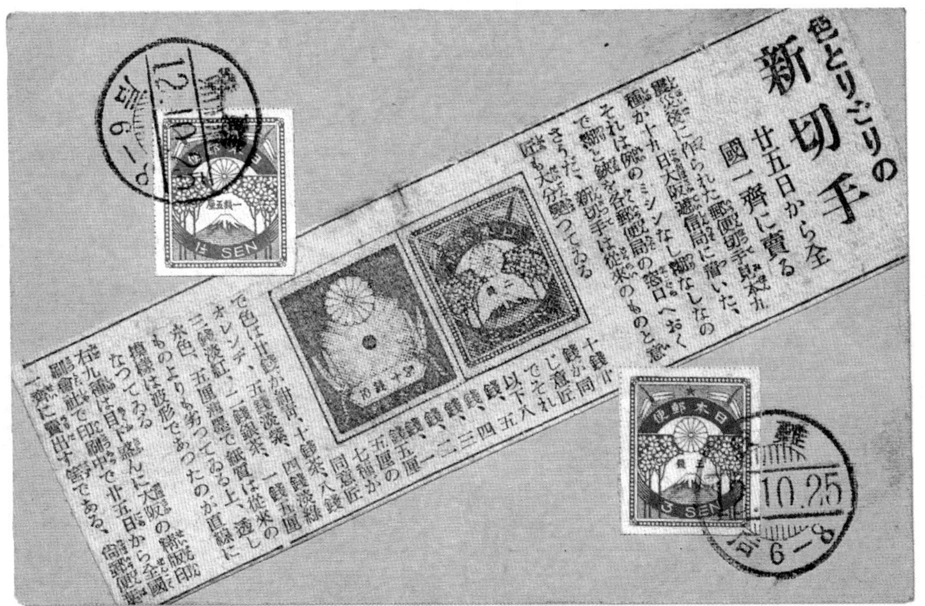

色とりどりの
新切手
廿五日から全國一齊に賣る

震災後に作られた郵便切手見本九種が十九日大阪遞信局に着いた、それは例のミシンなし糊なしなので糊と鋏で各郵便局の窓口へおくさうだ、新切手は從来のものと意匠も大分變つてゐる

十錢廿錢が同じ意匠でそれ以下八錢、五錢、四錢、三錢、二錢、一錢五厘、五厘の七種が同意匠で色は廿錢が紺青、十錢茶、八錢オレンヂ、五錢淡紫、四錢淡緑、三錢淡紅、二錢緑茶、一錢五厘赤色、五厘濃黒で紙質は從来のものより劣つてゐる上、透し模様は波形であつたのが直線になつてゐる

右九種は目下盛んに大阪の精版印刷會社で印刷中で廿五日から全國一齊に賣出す筈である、尚郵便

震災切手発行初日の記念押印カード　難波／大正12年10月25日

震災切手(暫定切手)は、まず大阪地区から、葉書用１銭５厘と封書用３銭の２種類が販売開始された。このカードは、10月20日付けの大阪毎日新聞の切手発行記事を切り貼りして、記念押印されている。

震災１銭５厘、３銭貼り、関東大震災絵葉書(印刷物扱い)ベルギー宛て
渋谷／大正12年10月31日　切手は絵面貼り　切手、はがき、消印のマッチング

関東大震災絵はがき（神田駅プラットホームより須田町・神保町方面を望む）に、発行（10月25日）されたばかりの震災切手２種を貼り付け、ベルギーへ震災状況を伝えるために発信された。震災切手は、まず大阪地区で使用開始されたため、東京地区の10月使用例は珍しい。

From YOKOHAMA JAPAN to SHANGHAI,CHINA 14 May. 1924
横浜／大正13年５月14日 → 中国・上海宛て　震災切手５厘～ 20銭 全９種貼り
２倍重量外信書留便(４銭過貼り)

貼り付け切手の合計は54銭で、郵便料金50銭に対しては、４銭過貼りになっている。５厘・１銭５厘・４銭以外は、追加印刷された東京印刷版の切手で、横浜局の欧文印も特殊であり、今では大変貴重なアイテムである。

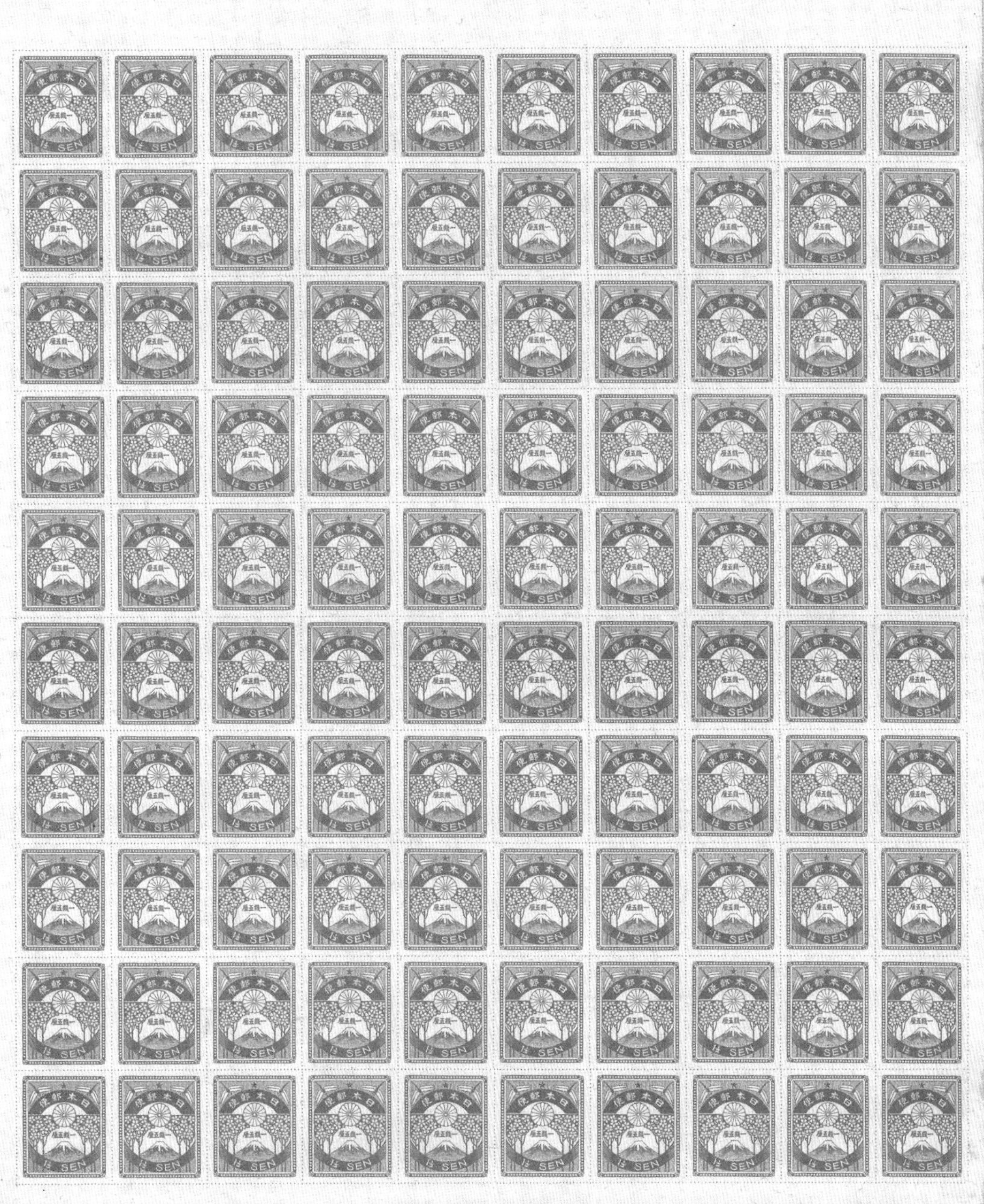

暫定切手として発行された1銭5厘切手の未使用シート

郵便切手の製造をしていた印刷局や、完成した切手を保存していた逓信省の切手倉庫などはすべて焼失した。逓信省はこの対策として、このような目打(いわゆる「ミシン目」)や裏糊の無い切手を、民間会社に委託して製造することを決定した。

震災はがき(暫定はがき)の発行

大正12年11月15日

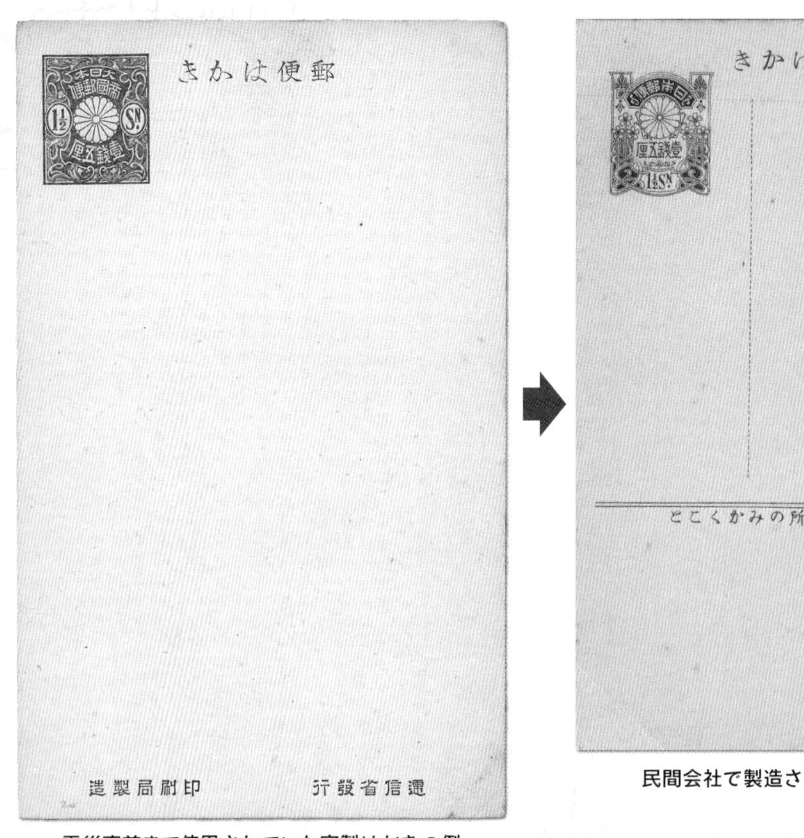

震災直前まで使用されていた官製はがきの例

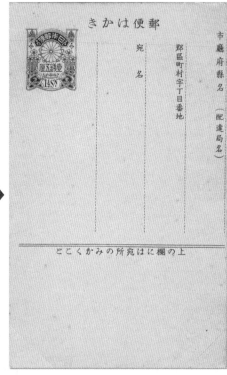

民間会社で製造された暫定はがき

民間会社で製造された暫定往復はがき

切手の欠乏には敏感に対応したのに対して、はがきは当初容易に考えられていた。10月中旬になって、はがきの不足が深刻化し、急いで民間に発注することとなった。まず、東京の精美堂(後の共同印刷)に4億枚を発注。これでもなお不足が見込まれたので、12月には東京の凸版印刷に2.5億枚を発注している。なお、往復はがきは12月に精美堂へ5,000枚が発注された。

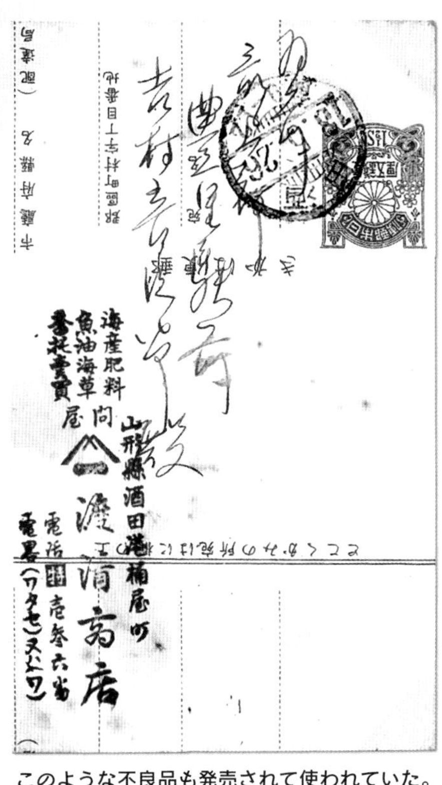
このような不良品も発売されて使われていた。

用紙が重なって印刷機に入ったため、印刷のほとんどが消えている。

断裁が大きく左にずれ、印面が右寄りになった例

左下方の用紙が折れたために「福耳」付きとなった例

暫定はがきは、はがきの製造に不慣れな民間会社で短期間に大量の製造が要求された。このため、このようなヤレ(不良品)も発生したが、そのまま発売、使用された。

震災印紙（暫定印紙）の発行

大正12年9月27日

1厘

1銭

2銭

3銭

5銭

出荷案内

品名	印	数量	単價	金額
布團格子		20	2100	42000
		4	2100	8400
		1		1200
計				51600
合計				

拝啓毎度御引立を蒙り奉謝候扨て御注文品茲ご抵にて本日出荷申上候間貴着御入帳被下度尚精々御用命の程願上候

大正13年4月27日

小型暫定印紙を使用したはがきによる出荷案内

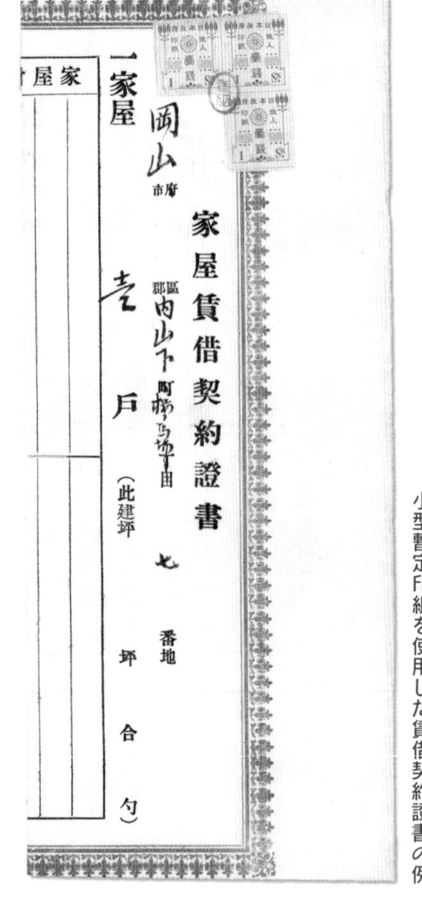

家屋賃借契約證書

一 家屋

岡山 市府

郡區 内山下 町 番地

壹 戸

（此建坪 坪 合 勺）

小型暫定印紙を使用した賃借契約證書の例

収入印紙の製造は特に急がれたため、第１次の暫定印紙は小型（18mm×20mm）で簡単な図案のものが発行された。用紙は着色繊維入りで、すかしも入っていた。また、シートは横10枚×縦15枚＝150枚という特別の構成だった。額面も１厘から５銭までの６種類に限られている。オフセット単色刷り。

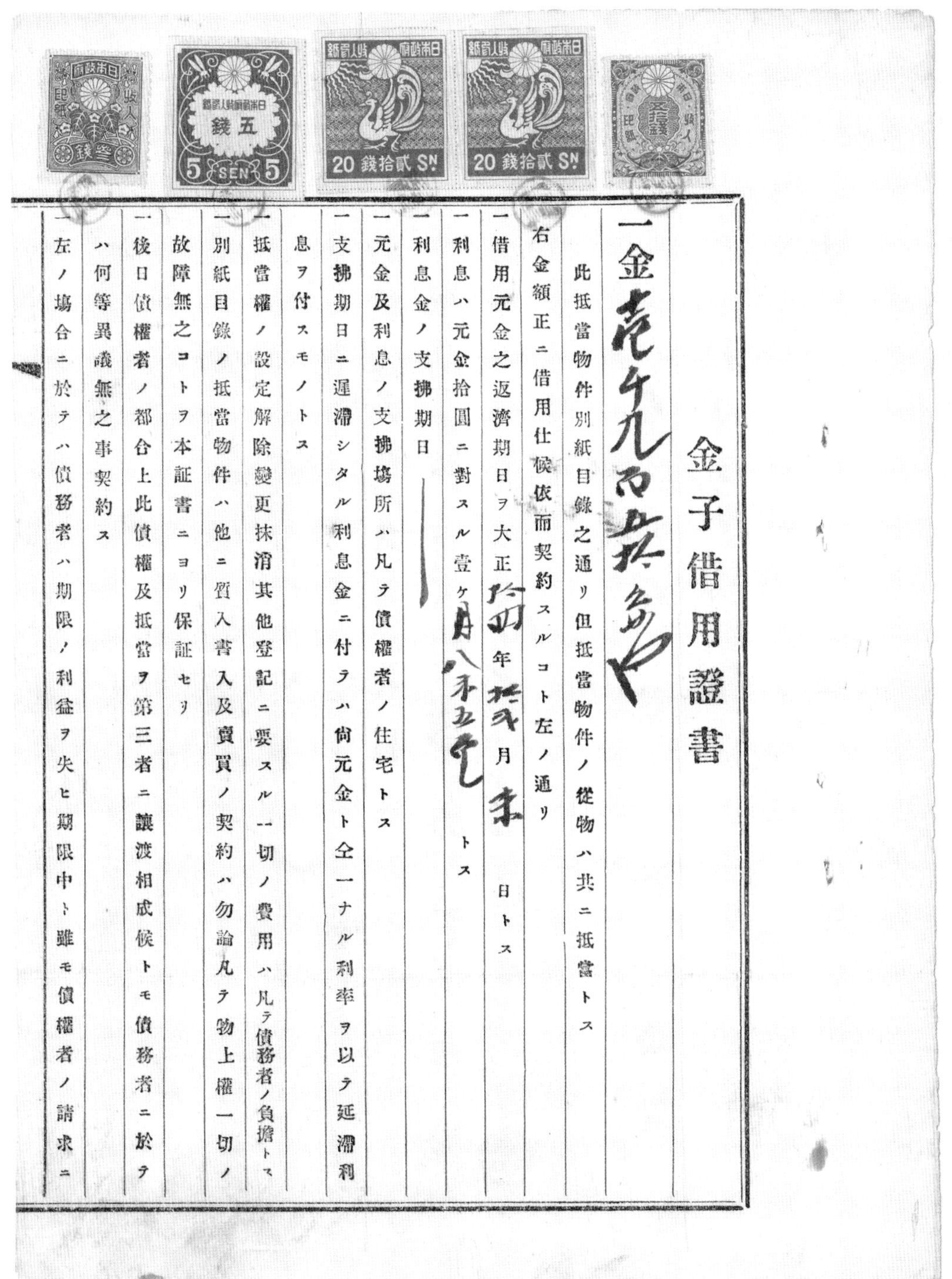

金子借用證書

一金壱千九百五拾圓也

此抵當物件別紙目錄之通リ但抵當物件ノ從物ハ共ニ抵當トス

右金額正ニ借用仕候依而契約スルコト左ノ通リ

一借用元金之返濟期日ヲ大正拾四年拾弐月末日トス

一利息ハ元金拾圓ニ對スル壹ケ月八拾五錢トス

一利息金ノ支拂期日

一元金及利息ノ支拂場所ハ凡テ債權者ノ住宅トス

一支拂期日ニ遅滯シタル利息金ニ付テハ尚元金ト仝一ナル利率ヲ以テ延滯利息ヲ付スモノトス

一抵當權ノ設定解除變更抹消其他登記ニ要スル一切ノ費用ハ凡テ債務者ノ負擔トス

一別紙目錄ノ抵當物件ハ他ニ質入書入及賣買ノ契約ハ勿論凡テ物上權一切ノ故障無之コトヲ本証書ニヨリ保証セリ

一後日債權者ノ都合上此債權及抵當ヲ第三者ニ譲渡相成候トモ債務者ニ於テハ何等異議無之事契約ス

一左ノ場合ニ於テハ債務者ハ期限ノ利益ヲ失ヒ期限中ト雖モ債權者ノ請求ニ

大型暫定印紙を貼った證書（５枚の内、左右両端の２種は復興以後の新印紙）

小型印紙から約50日後の11月19日に第２次の暫定印紙が発行された。これらは震災以前のものより大型（27mm×31mm）になり、図案もかなり複雑なものとなった。用紙はやはり着色繊維入りで、すかしも入っていた。額面は１厘から10円までの11種で１円以上は２色刷りとなっている。オフセット印刷。

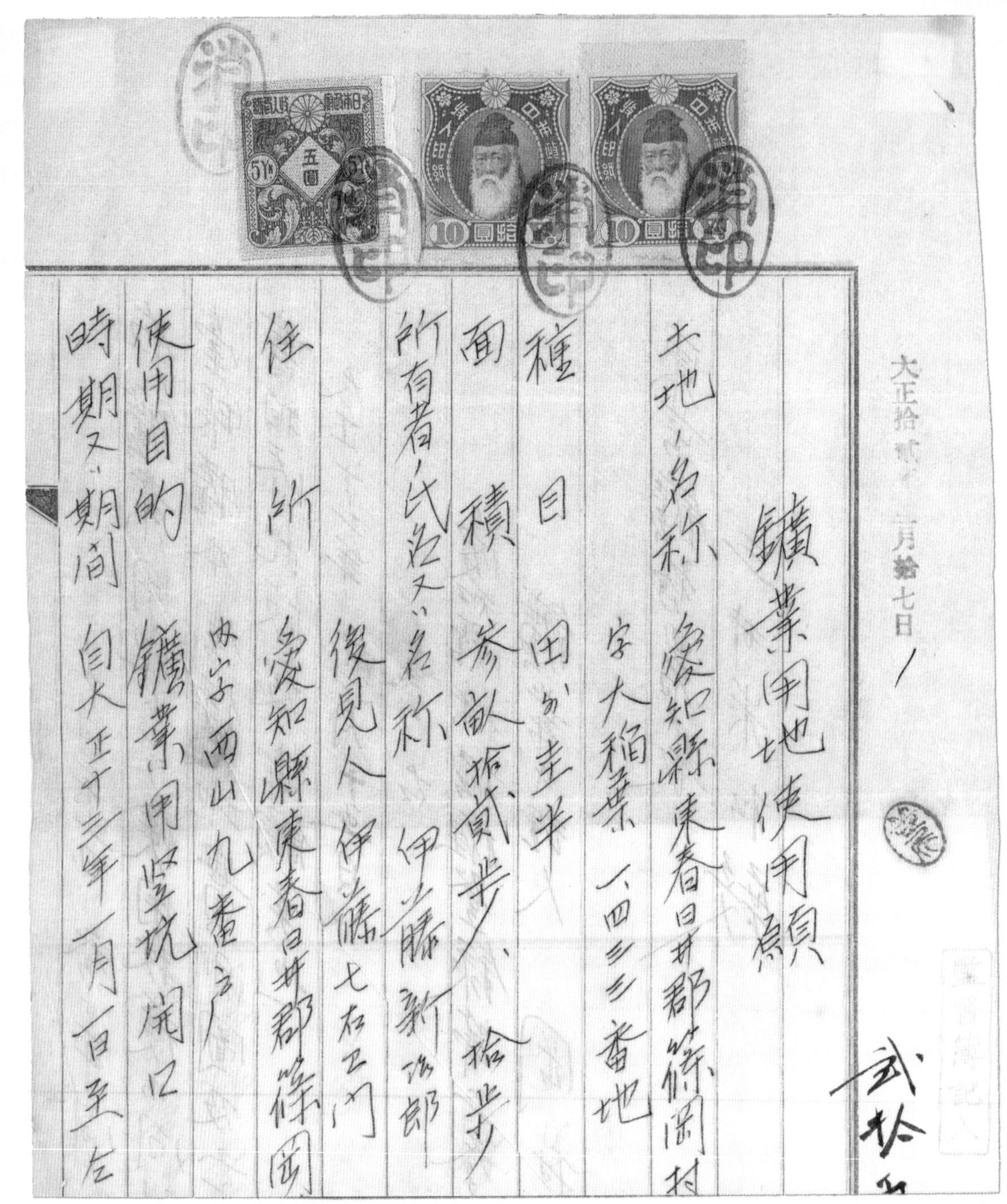

大正拾貳年十二月廿七日

鑛業用地使用願

土地ノ名称 愛知縣東春日井郡篠岡村 字大稲葉 一、四三三番地

種目 田ケ畦畔

面積 参畝拾貳歩ノ内 拾歩

所有者ノ氏名又ハ名称 伊藤新治郎 後見人 伊藤七右エ門

住所 愛知縣東春日井郡篠岡 仝字西山九番戸

使用目的 鑛業用竪坑開口

時期又ハ期間 自大正十三年一月一日至仝

５円暫定印紙を貼った用地使用願（右の２枚は震災前の10円印紙）

収入印紙は、額面が特に高額のものが必要となり、それだけに暫定印紙といっても、念入りな図柄と手の込んだ印刷方式が取られた。この用地使用願いは、大震災から４ヵ月も経過しない時期のもので、25円という金額も現在なら数万円にも相当する。

50銭

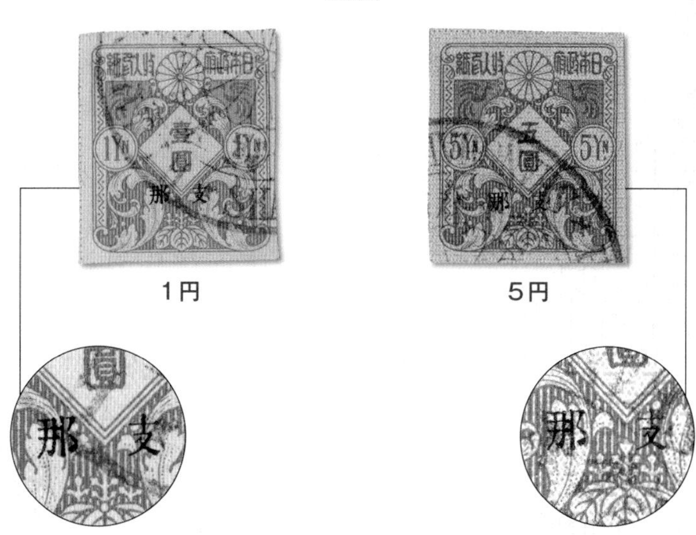

1円　5円

中国大陸に進出していた日本は、現地の外交官庁（領事館など）で使用するための、収入印紙を必要とした。しかし、貨幣価値は日本国内と差があるため、特に現地での通貨に対応する必要があった。このため、収入印紙に「支那」の文字を加刷したものが使用された。額面は３銭から10円までの８種類。

高額の円単位暫定印紙は、横10枚×縦２枚＝20枚という構成のシートで発行された。未使用のシートは残っていないが、このように使用済でも、ほぼ全体をとどめた例は珍しい。

不発行となった「東宮御婚儀記念切手」

大正12年11月発行予定も…

特に高貴の方々へ贈呈されたといわれる贈呈帳のページ。（現存１点か？）
御婚儀の日である大正13年１月26日 東京の特印が押されている。

不発行となった「東宮御婚儀記念切手」

記念絵はがき／「贈書(ぞうしょ)の儀」の「御書使(おふみづかい)の図」。絹地に印刷されて絵はがきの中央に象嵌。傍らに御書をいれる柳筥(やないばこ)を配し、地には夫妻が着用される装束の地文様「海松(みる)、雲立涌(くもたてわく)」をあしらう。

記念絵はがき／東宮殿下ご夫妻の肖像を絹地に印刷。金色の畳文様地のはがき中央に象嵌(貼り込み)。

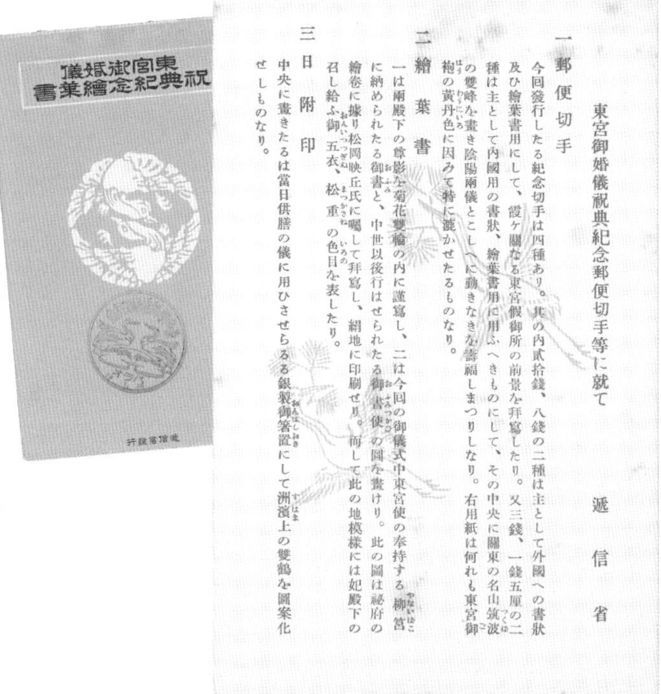

東宮御婚儀祝典紀念郵便切手等に就て　遞信省

一　郵便切手

今回發行したる紀念切手は四種あり。其の内貳拾錢、八錢の二種は主として外國への書狀及ひ繪葉書用にして、霞ヶ關なる東宮假御所の前景を拜寫したり。又三錢、一錢五厘の二種は主として内國用の書狀、繪葉書用に用ふへきものにして、その中央に關東の名山筑波の雙峰を畫き陰陽兩儀とこしへに動きなき壽福しまつりしなり。右用紙は何れも東宮御袍の黄丹色に因みて特に漉かせたるものなり。

二　繪葉書

一は兩殿下の尊影を菊花雙輪の内に謹寫し、二は今回の御儀式中東宮使の奉持する柳筥に納められたる御書と、中世以後行はせられたる御書使の圖を畫けり。此の圖は祕府の繪卷に據り松岡映丘氏に囑して拜寫し、絹地に印刷せり。而して此の地模様には妃殿下の召し給ふ御五衣、松重の色目を表したり。

三　日附印

中央に畫きたるは當日供膳の儀に用ひさせらるる銀製御箸置にして洲濱上の雙鶴を圖案化せしものなり。

記念絵はがきの袋と中に入れられた説明書

関東大震災のために、本来発行の予定だった記念切手が発行されなくなったという事例がある。それがこの東宮御婚儀記念切手４種である。

ここでいう東宮とは、後の昭和天皇のことであり、その御婚儀は大正12年(1923) 11月と決められていた。逓信省では、御婚儀に向けて、記念切手４種と記念絵はがき(２種１組)の発行を計画した。

記念切手と記念絵はがきは、大正12年(1923) ８月には完成し、当時最も遠隔の地域だった南洋諸島へは、８月末までに必要枚数が送られていた。その直後に大震災が発生し、残った記念切手、記念絵はがきはすべて焼失してしまった。このため、逓信省は期日までに再び記念切手、記念絵はがきなどの製造は困難と判断。発行の中止が決定された。また、大震災後に南洋諸島から記念切手、記念絵はがきや記念日付印などが回収され、東宮殿下ご夫妻をはじめ、関係者に贈呈された。この一部が現在は市場に流出し、収集家の手元にもわずかに保存されている。

Column コラム

東宮御所宛の「消毒郵便」

郵便はがき

CARTE POSTALE

益田線全通記念

大正十三年四月

鐵道省米子建設事務所發行

関東大震災後、市中の公衆衛生環境が悪化し、感染症等が皇室内部に入り込まないよう、予防のため、宮中宛ての郵便物に消毒がされた。消毒された郵便物には、「消毒済」印が押された。この消毒及び消毒印が制度として、配達局（赤坂）で実施されたものか、受け入れの東宮御所側で実施されたかは明らかではない。この種の消毒郵便については、宮内庁関係宛てのものに多く残っている。

「消毒済」「赤坂離宮　東宮仮御所」内宛て
益田線全通記念　松江／大正13年4月11日　色変わり印（褐色）

益田線全通記念絵はがき（鉄道省米子建設事務所発行）を使用した、色変わり印実逓便。裏面に鉄道省の記念印も押されている。

第6章
関東大震災からの復興

震災復興に配慮、まずは京都で
東宮殿下御成婚奉祝行事

東宮殿下御成婚奉祝　万国博覧会参加五十年　記念博覧会　記念絵はがき

宮城二重橋橋上御同乗の鹵簿(ろぼ:行列の意)(ご成婚当日の記念)

大正12年(1923)11月に皇太子殿下の結婚式が行われる予定であったが、震災のため結婚式は延期となった。延期された式は、翌13年1月26日に取り行われたが、大規模な慶祝行事は行われなかった。

皇太子ご成婚を祝した最初の公開行事として、大正13年(1924)3月から、この博覧会が京都・岡崎公園で開かれた。これは明治6年(1873)、日本が初めてオーストリアのウィーン万国博覧会に出品して50年を記念する博覧会だった。会場では記念行事の特印(特別な日付印)が使用された。

皇太子殿下御結婚 東京市奉祝

～東京では少し遅れて、東宮殿下御成婚奉祝行事（大正十三年六月五日）～

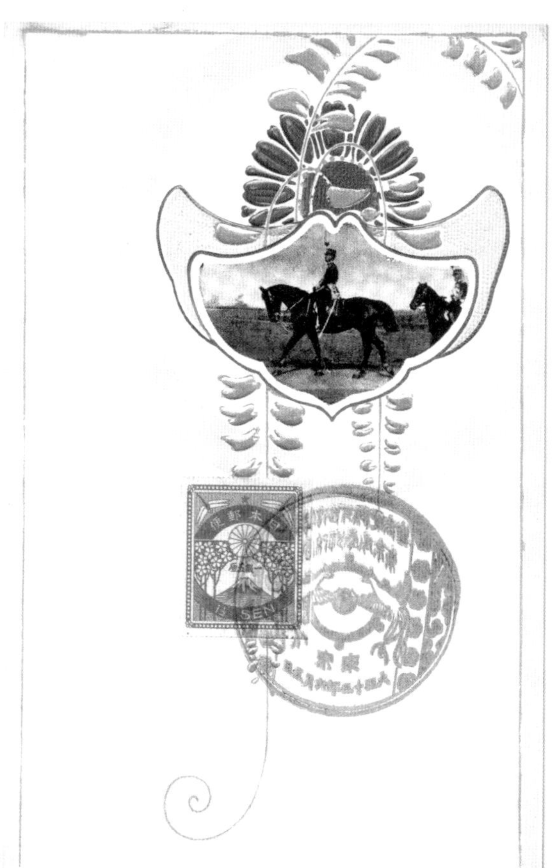

馬上の皇太子殿下

双 華（東宮殿下御成婚奉祝花電車）

東京の復興がほぼ一段落するのを見計らって、大正13年（1924）６月５日に東京市はご成婚祝賀行事を行った。その記念行事の特印が東京市内、一、二等局（局名表示 東京）で使用された。

この日、お祝いとして市内には10台の花電車が運転されたが、当日までに花電車の通る途の焼跡は、すべて片付けられたということである。花電車の設計は、東京美術学校の図案科教授の島田佳矣氏、製作は高島屋呉服店が手掛けた。

大震災一周年「復興は先つ貯金から」

～郵便印にも「復興促進標語印」が登場～

震災で倒壊した「浅草十二階」（凌雲閣）の絵はがきに、当地 浅草局の「勤勉は復興の鍵」の復興促進標語印が押印されている。標語印図案の「鍵」には復興した建物が描かれている。１銭５厘切手も復興した印刷局で印刷されたと思われる震災前の図案の切手。

淀橋／大正13年10月3日
「勤勉は復興の鍵」

鎌倉／大正13年９月１日
「復興は先づ貯金から」

名古屋／大正13年９月９日
「働け貯へよ末は繁昌」

大阪中央／大正13年９月１日
「勤倹は幸福の基」

関東大震災１周年を機に従来の標語を改正。大正13年（1924）９月１日から全国で新しい郵便標語印が使用されるようになった。「勤勉は復興の鍵」、「復興は先つ貯金から」の２種は東京・神奈川の震災被災地域で使用された。

復興完成記念 東京市街地図 復興局監修

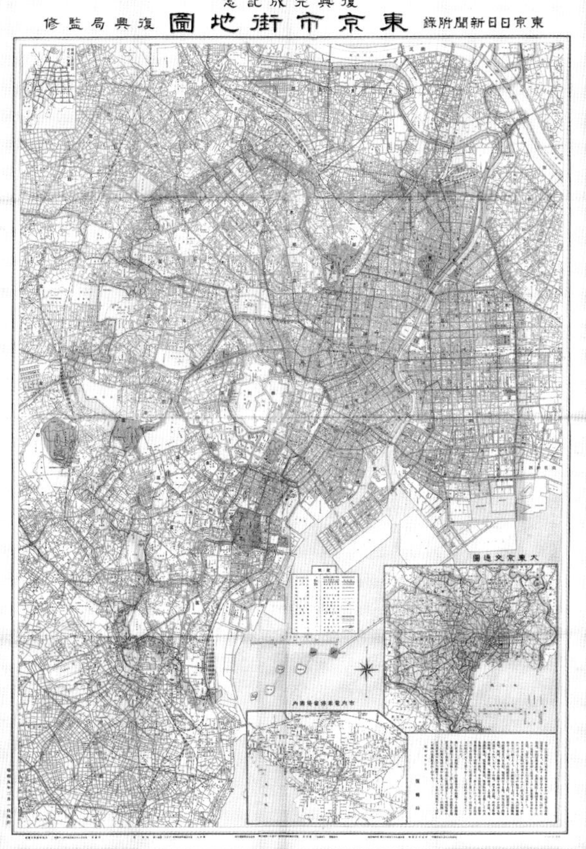

復興完成記念　東京市街地図 復興局監修
昭和５年３月15日／東京日日新聞市内版附録（第19243号）
77cm×108cm

７年の歳月と７億円の巨費を投じ、大規模な幹線道路を主軸に、再開発、インフラ整備を行い、復興事業が完成した。

それを記念し、昭和５年(1930)３月26日に復興完成式典及び帝都復興完成祝賀会が実施された。

完成記念に際し、記念品が多く作られたが、この地図は復興局監修で、東京日日新聞の附録として配布されたものである。

帝都復興事業完成記念特印
東京／昭和５年３月26日

丸の内和田倉門より（海上ビル・郵船ビル 時事日報）を望む。
帝都復興事業完成記念　東京／昭和５年３月26日

数寄屋橋から見た丸の内の復興

銀座通の惨状(大正12年9月 大東京のシン災害実況)

数寄屋橋より丸の内方面を望む(復興の帝都)　帝都復興事業完成記念　東京／昭和5年3月26日

昭和4年(1929)末の東京の外形的復興完成を機に、東京市では翌年3月に天皇の御幸をもってこれを記念することを企画し、帝都復興完成記念行事(3月24日に昭和天皇の帝都復興現状の視察、3月26日に復興完成式典及び帝都復興完成祝賀会)が実施された。

その記念行事の特印が東京市内、一、二等局(局名表示 東京)で使用された。特印の図案は、竣工した墨田川に架かる「清洲橋」、桜、東京市のシンボルマークが折り込まれている。

上野公園から見た上野広小路の復興

上野公園より見たるヤケ跡（大正12年9月 大東京のシン災害実況）

上野公園西郷銅像より上野広小路を望む（復興の帝都）　帝都復興事業完成記念　東京／昭和５年３月26日

人々の力をつくし努力によって、関東大震災の跡は片付けが終わり、東京では新しく、都市計画によって広い昭和通りを開設するなど、横浜や他の地区でも復興・再建の歩みが力強く進み、新しい街作りが行われていった。

神奈川・湘南藤澤地区
別荘兼住宅地開発で震災復興

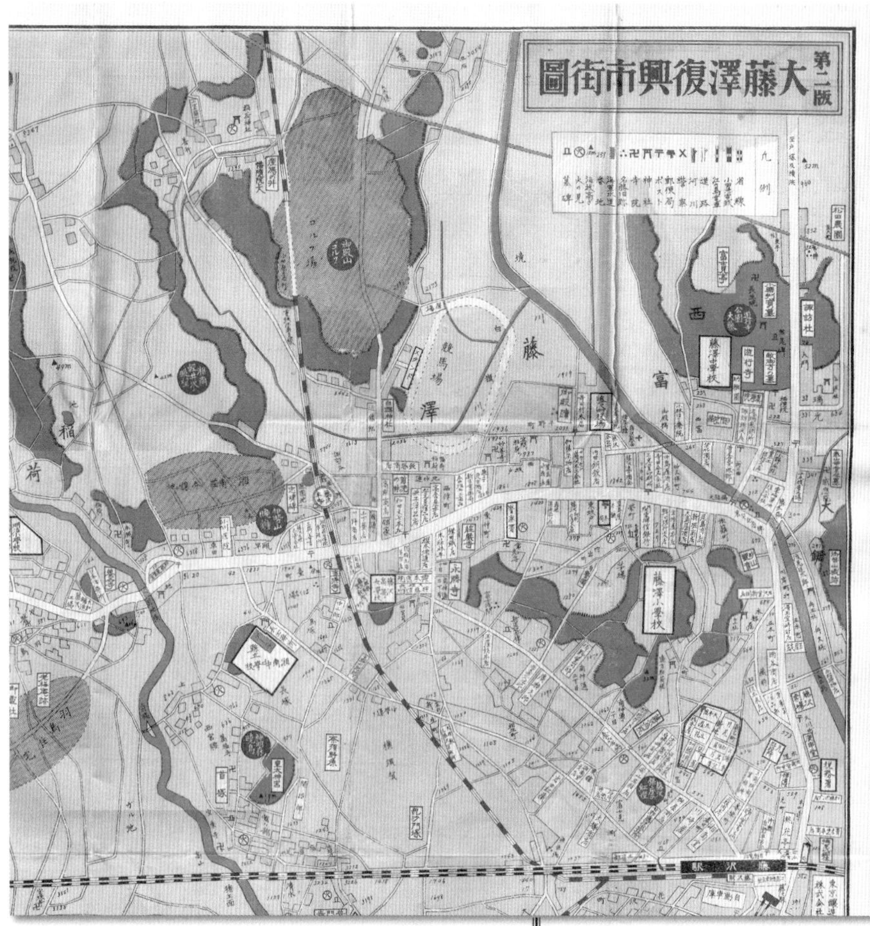

大藤沢復興市街図（藤沢復興地図社／昭和6年1月1日発行）

55cm×80cm

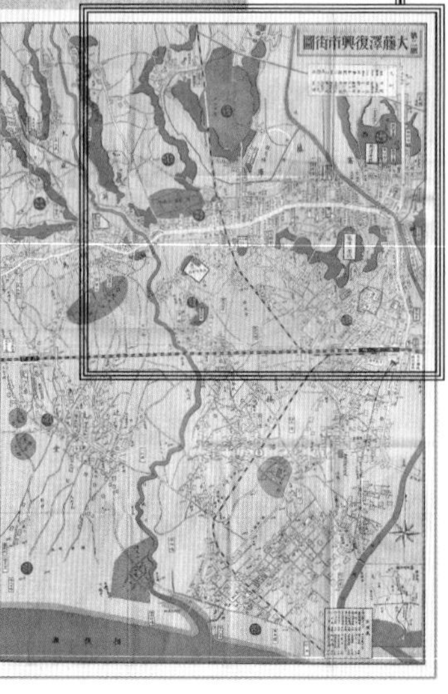

大きな震災被害を受けた神奈川県、横浜を中心に政府予算を使った大規模な震災復旧・復興の都市計画が作られ、実行された。また、その他の地区も規模が異なるが、復興計画が実現していった。

この復興市街図は、昭和６年に作成された神奈川・藤澤のものであるが、藤沢駅周辺の整備とともに、多くの大規模な別荘兼住宅地開発がなされており、その販売促進のため作成されたものである。

復興記念横浜大博覧会

～震災12年後、横浜の復興を記念して～

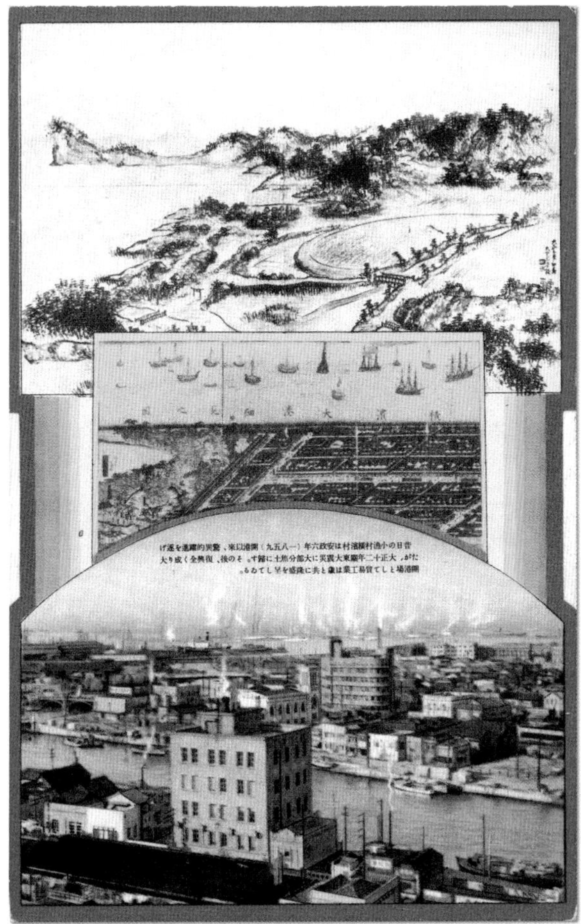

復興記念横浜大博覧会発行　記念絵はがき

昭和10年（1935）3月26日～5月24日、関東大震災から立ち直った横浜市が復興を記念して、山下公園約10万平方メートルを会場に開催した。山下公園には、1号館から5号館まで各県と団体が出展、付設館として近代科学館、復興館、開港記念館のほか、陸軍館と、海軍国防館が作られ、館内に近代戦のパノラマがつくられ、戦時色の濃い内容であった。

娯楽施設は真珠採りの海女館、水族館、子供の国などがあり、外国余興場ではアメリカン・ロデオは、カーボーイの馬の曲乗りと投げ縄や、オートバイサーカスなどの妙技を見せ喝采を浴びた。

（博覧会資料コレクション／株式会社乃村工藝社ホームページより。要約抜粋）

記念自動車及び電車乗車券

復興記念横浜大博覧　会場と横浜港の美観

復興記念　横浜大博覧会
記念スタンプ
昭和10年3月26日～
5月24日

関東大震災から1年間の主な出来事 大正12年(1923) 9月～ 大正13年(1924) 9月

大正12年(1923)

9月

1日 午前11時58分、相模湾北西部を震源とするマグニチュード7.9の「関東大震災」が起こる。各所で火事が発生し、 被害は東京、神奈川、埼玉、千葉、山梨、静岡の広範囲な地域におよび、特に東京と神奈川は甚大な被害となった。死者・行方不明者約10万5,000人、全潰家屋約11万棟、焼失家屋約21万棟。→4ｼﾞｰ

2日 朝鮮人暴動の流言が広がり、東京とその近県で多数の朝鮮人、中国人が自警団などにより虐殺される。
山本権兵衛内閣成立。
東京に戒厳令(一部に適用した行政戒厳)。
官製壁新聞「公報」震災彙報　第１号配布。→58ｼﾞｰ

3日 関東戒厳司令部設置。戒厳司令官に陸軍大将・福田雅太郎。
東京府全域、神奈川に戒厳令。
政府、罹災者に帰郷や地方行きを呼びかけ、鉄道・船舶の運賃無料を告示。
郵政省、貯金の無通帳、無印章での払い戻しを開始。→66ｼﾞｰ

4日 大震災による混乱の中、亀戸警察署が労働運動家の平澤計七ら10人を拘束し、軍隊によって殺害(亀戸事件)。戒厳令下の不法弾圧事件。

5日 戒厳司令部、午後９時以降の外出を禁止。

6日 市内10ヵ所の公設市場で、米の販売を開始。
東京地区の郵便業務最小限復活。
罹災者による無料電報の取り扱いを開始。→19・20ｼﾞｰ

7日 治安維持令、暴利取締令、支払猶予令交付。

8日 大阪株式取引所が再開するが、株価は暴落。

9日 東京市電、４路線で運転再開。
警視庁、救援で入京した他府県民に帰省を勧告。
罹災者の差し出す私製はがきと書状は、「罹災郵便」と記入すれば受取人から料金を徴収。→21・24ｼﾞｰ

11日 罹災者の租税減免などの救済策を決定。
罹災者に１人１日玄米２合を配給。

12日 人心安定、帝都復興の詔勅。
初の海外震災救援船となる中国の「新銘号」が神戸に入港。

13日 鉄道省、救援のための入京者の無賃乗車を廃止。

16日 憲兵大尉・甘粕正彦らが無政府主義思想家の大杉栄など３人を拘束し、殺害(甘粕事件)。
戒厳令下の不法弾圧事件。

18日 米国の救援船「メリット」など２隻が横浜に入港。

19日 軍艦「磐手」と「八雲」が清水港に向けて芝浦を出港。軍艦による最後の罹災民輸送。→43ｼﾞｰ

22日 臨時物資供給令公布。
東京瓦斯、一部で供給開始(11月に全面復旧)。

23日 米が東京に集中して集められたため、地方で品不足との新聞報道。
浅草十二階(凌雲閣)の残っていた下半分を陸軍が爆破解体。→27・38・48・56ｼﾞｰ

24日 校舎や仮小屋の避難民は４万人余りと、横浜市。

25日 東京市、１日から開始の炊き出しをこの日で終了。

27日 帝都復興院設立。総裁は内務大臣・後藤新平。
震災印紙(暫定印紙)を発行。→76ｼﾞｰ

28日 東京市、屎尿処理の無料実施を決定。

29日 残存４交換局で、東京市内の電話再開。

30日 官民一体の横断組織となる横浜市復興会が発足。

10月

1日 大日本雄弁会講談社『大正大震災大火災』刊行。以降、各社から震災関連出版相次ぐ。→68ｼﾞｰ
横浜市内郵便受付開始。→61ｼﾞｰ

6日 米国都市計画の権威・ビアード博士、後藤新平の招きにより東京復興計画顧問として来日。

9日 大蔵省、震災損害額は約100億円と発表。

11日 オーストラリアの震災救援船が横浜に入港。

12日 大日本火災連合会、国内の各社が支払う保険契約金は15億9,000万円強と発表。

18日 伝染病(主に赤痢・腸チフス)が発生し、震災後からこの日までの患者数は3,686人(死者624人)に。→82ｼﾞｰ

19日 東京府・市連合の震災遭難者大追悼会を本所の陸軍被服廠跡で開催。

25日 震災切手(暫定切手)を発行。→70ｼﾞｰ

27日 東京株式取引所、天幕の仮事務所で再開。

28日 東海道本線が全線復旧。

31日 全関西婦人デー(罹災者救援活動)を実施。

大正12年(1923)

11月

2日 大企業の復興資金借り入れ総額が1億円突破。
5日 年賀郵便の特別扱い休止を決定。
6日 大阪でコレラが流行。→82ページ
10日 国民精神作興に関する詔書を発布。
11日 日比谷で各国大公使を招き、震災救援感謝デーを開催。
15日 戒厳令廃止。新たに東京警備司令部令公布。
震災はがき(暫定はがき)を発行。→74ページ
20日 天皇陛下からの恩賜金、申請受付開始。→63ページ
27日 内務省、賃金高騰緩和と建築スピードを上げるため、全国から大工7万人募集計画を発表。
29日 バラックでの厳冬をしのぐ法を新聞が掲載。→22・44・59ページ
——— 11月に発行を予定していた「東宮御婚儀記念切手」が不発行に。→80ページ

12月

1日 東京・築地仮市場が開場。
8日 東京市、バラック居住者は85,648人と発表。→22・44・59ページ
10日 東京帝大に地震学科設立。→8ページ
24日 帝都復興法、特別都市計画法を公布。
31日 東京市電が9割復旧し、この日に終夜運転を実施。

大正13年(1924)

1月

9日 震災後の宮城前テント村の撤去を開始。→44ページ
11日 東京市、天然痘罹患者が増え、強制種痘実施。→82ページ
15日 関東南部にマグニチュード7.3の地震発生、19人死亡。
18日 東京市営バスが11人乗りで運行再開。
26日 皇太子裕仁親王、久邇宮良子女王と御成婚。→84ページ
27日 電力不足により東京の省線電車運休続出し、混乱。

2月

4日 内務省、84の震災臨時病院の閉鎖を決定。
5日 東京市、失業者の他県転出促進を図るため、補助金を支出。
12日 大蔵省、対英米震災復興公債調印(国辱国債)。
14日 東京市内のバラック1,298戸、7万人居住、希望者は8万人で撤去見通しゼロとの新聞報道。
→22・44・59ページ
25日 帝都復興院廃止。新たに復興局が発足し、横浜も管掌。

3月

11日 東京衛生局、震災後のバラックに流行した腸チフスにより、1月以降の死者は395人と発表。→82ページ
24日 東京市、各区の小学校仮校舎の割当数を決定。→65ページ

4月

10日 輸出不振で、入超額5億円を突破。輸出は生糸、繊維、輸入は鉄、木綿、木材。
17日 震災で休館していた東京帝室博物館が再開。
30日 復興局、東京の区画整理工事を開始。→87ページ

5月

18日 浅草でマンガ映画「ノンキナトウサン」を上映、大評判となる。
22日 赤坂離宮内でチフス発生、大消毒を実施。→82ページ
23日 内務省、震災後の住宅不足を解消するため、(財)同潤会を設立し、同潤会アパートを建設へ。
24日 東京市、大震災恩賜金は遺族のみに限り、一家全滅した家族の相続者には資格なしと発表。→63ページ

6月

5日 天皇御成婚大奉祝会を二重橋前で開催。→85ページ
12日 初の地下鉄となる上野〜浅草間の施行を許可。
19日 東京市、仮設小学校での劣悪な環境を考慮し、授業の短縮、夏休みの繰り上げを実施。→65ページ

7月

21日 東京市、市営バスの3割減車・路線整理を決定。
28日 東京市内の居住外国人は震災で4割減少し、1,234人。中国・英国・米国の順と市統計局が発表。

8月

2日 東京市・横浜市に防火建設への補助が決まる。

9月

1日 震災1周年を機に、復興促進標語印4種を使用。→86ページ

■参考文献・資料

震災切手　魚木五夫／日本郵趣出版（2009.9）

震災切手と震災郵便　牧野正久／日本郵趣出版（1982.7）

図説・戦前記念切手　原田昌幸／日本郵趣出版（2016.8）

震災郵趣研究会会報（THE EQ REPORT）No.14（2017.12）～No.36（2023.6）

震災豫防調査會報告　第百号（甲）／文部省震災豫防調査會（1925.3）

震災豫防調査會報告　第百号（戊）／文部省震災豫防調査會（1925.3）

関東大震災後における逓信事業の復旧と善後策／田原　啓祐
［逓信総合博物館研究紀要（2012）］

関東大震災後の通信事情　本池　悟（1997.9）

「関東大震災の飛行郵便」鈴木孝雄　郵便史学　第17号（1987.10）

横浜・関東大震災の記憶／横浜市史資料室（2010.9）

関東大震災とふじさわ／藤沢市文書館（2014.3）

吉田初三郎のパノラマ地図　別冊太陽／平凡社（2002.10）

実写・実録 関東大震災／講談社（1988.8）

郵便創業120年の歴史／ぎょうせい（1991.12）

週刊日録20世紀 1923 大正12年 関東大震災／講談社（1997.9）

週刊日録20世紀 1924 大正13年 皇太子裕仁親王ご成婚／講談社（1998.6）

朝日クロニクル 週刊20世紀 1923 大正12年 関東大震災／朝日新聞社（2000.4）

NHKアーカイブス　災害／NHKホームページ

博覧会資料コレクション／株式会社 乃村工藝社ホームページ

「大正関東地震の波形記録より」／東京大学地震研究所ホームページ

内閣府 防災情報のページ 報告書（1923 関東大震災）／内閣府ホームページ

■資料提供者（敬称略）

関東大震災とは…………鎌倉　達敏

第１章……………………藤岡　靖朝
鎌倉　達敏、魚木　五夫、板橋　祐己、岡藤　政人
近辻　喜一（郵便物文面解読）

第２章……………………生田　誠
魚木　五夫

第３章……………………魚木　五夫
生田　誠、坂崎 幸之助

第４章……………………鎌倉　達敏
魚木　五夫、生田　誠、池澤　克就

第５章……………………魚木　五夫
鎌倉　達敏、遠藤　浩二

第６章……………………鎌倉　達敏
矢嶋　基之、生田　誠

公益財団法人日本郵趣協会　震災郵趣研究会

魚木五夫氏を代表に「震災郵趣と震災切手」の研究を目的として、数年の準備期間を経て平成20年（2008）1月、正式に発足した、（公財）日本郵趣協会の研究会。メンバーの研究成果を掲載した会報「THE EQ REPORT」（季刊）を発行するとともに、研究発表会「震災郵趣と震災切手展」を毎年開催し、本年（2023）で20回を数える。その成果は、郵趣（郵便趣味）の専門誌「郵趣研究」に掲載され、新しい専門切手カタログにも反映。

魚木　五夫（うおき・いつお）

1930年京都市生まれ。現在、東京・町田市在住。大阪大学理学部および同大学工学部卒。（株）オリンパス、（株）マツダを経て、広島修道大学教授、大阪大学工学部講師（非常勤）、東京大学工学部（非常勤）などを歴任。産業能率大学名誉教授。学士会会員。現在、（公財）日本郵趣協会 震災郵趣研究会顧問。震災切手の専門研究を、約75年続ける一方、関東大震災関連の資料収集にも努力中。

鎌倉　達敏（かまくら・たつとし）

1954年東京・深川生まれ、現在、湘南・藤沢在住。早稲田大学大学院理工学研究科修了。同大学切手研究会元幹事長。（株）ブリヂストンを経て、ブリヂストンサイクル（株）元常務執行役員。現在、（公財）日本郵趣協会 震災郵趣研究会代表、湘南郵趣の会副会長、「湘南鎌倉屋」代表。震災切手の製造面の研究（World Stamp Show-NY2016 金賞）を専門とし、「東京・深川」と「相模湘南」の郵便印を楽しむ。また、東京・深川の「関東大震災」と「東京大空襲」時の郵便史の解明にも取り組む。主な著書：震災切手 大阪印刷版の版別分類, Stampedia Philatelic Journal, 2015.

2023年9月1日　第1版第1刷発行

編著者	震災郵趣研究会
発行	株式会社 日本郵趣出版 〒171-0031 東京都豊島区目白1-4-23　切手の博物館4階 電話 03-5951-3317（代）　FAX 03-5951-3327
発売元	株式会社 郵趣サービス社 〒168-8081 東京都杉並区上高井戸3-1-9 電話 03-3304-0111（代表）　FAX 03-3304-1770 【オンライン通販サイト】 http://www.stamaga.net/ 【外国切手専門ONLINE SHOP】 https://stampmarket.biz/
制作	株式会社 日本郵趣出版
編集	三森 正弘
デザイン	増田 絵里
印刷・製本	シナノ印刷 株式会社

令和5年7月24日　郵模第3035号
ISBN978-4-88963-875-2 C0021

ビジュアル日専　日本切手専門カタログ

これまでのカタログをさらに発展させた、史上最高＆最強の日本切手専門カタログ。カラー図版と日英バイリンガル表記で刊行！〈共通〉■公益財団法人日本郵趣協会刊 ■ B5判変型・並製／オールカラー

田沢切手編

2023年秋 刊行予定
■192ページ（予定）
※写真は制作途中の見本です

産業図案・動植物国宝切手編

商品番号 8085
定価3,300円（本体3,000円+税10%）
■2023年5月刊行／192ページ

手彫切手編

商品番号 8084
定価3,300円（本体3,000円+税10%）
■2023年3月刊行／164ページ

小判・菊切手編

日本国際切手展2021〈文献クラス〉金賞受賞！

商品番号 8081
定価3,300円（本体3,000円+税10%）
■2020年10月刊行／180ページ

切手・郵便を通して歴史を紐解く本

切手ビジュアルヒストリーシリーズ

郵便が語る台湾の日本時代50年史

台湾と日本をめぐる数奇な歴史物語！郵便という資料を通し日本の台湾統治時代を多角度から語り尽くした貴重な一冊。

商品番号8042
定価2,420円
（本体2,200円+税10%）
■ 玉木淳一・著
■ 日本郵趣出版刊
■ 2021年2月刊行
■ A5判・並製／144ページ／オールカラー

郵便×歴史シリーズ

現代日中関係史 —切手・郵便に秘められた軌跡—

歴史を郵趣的視点から読み解く、"文章"を主体とした新レーベル「郵便×歴史シリーズ」が誕生！本文ページは文字が読みやすいモノクロ印刷で、資料図版も充実。時代を反映した〈歴史の証人〉である切手や郵便を通して、じっくり歴史を学べるシリーズです。

〈共通〉■ 内藤陽介・著 ■ 日本郵趣出版刊 ■ A5判・並製／256ページ／本文・モノクロ

第1部 1945–1972
商品番号 8091
定価2,530円（本体2,300円+税10%）
■2022年11月刊行

第2部 1972–2022
商品番号 8092
定価2,530円（本体2,300円+税10%）
■2023年3月刊行

切手でたどる郵便創業150年の歴史〈全3巻〉

日本の郵便創業150年を記念して刊行された、明治から現在までの郵便の歴史を切手でたどる全3巻シリーズ！豊富なビジュアル資料とともに、郵便学者、内藤陽介氏が解説します。
●**Vol.1 戦前編** 明治・大正・昭和戦前期を解説。●**Vol.2 戦後編** 戦後・高度成長期・昭和の終焉までを解説。●**Vol.3 平成・令和編** 平成時代に激変した、日本の郵政事業を解説。
〈共通〉■ 内藤陽介・著 ■ 日本郵趣出版刊 ■ A5判・並製／144ページ／オールカラー

戦前編
商品番号 8035
定価2,530円（本体2,300円+税10%）
■2021年4月刊行

戦後編
商品番号 8036
定価2,530円（本体2,300円+税10%）
■2021年11月刊行

平成・令和編
商品番号 8037
定価2,530円（本体2,300円+税10%）
■2022年5月刊行